JN103229

そばの打てない
そば食い名人

小林一仁
KOBAYASHI Kazuhito

文芸社

目次

一、そば食い名人を名乗る所以

そばを食う側とそばを打つ側では、そばに対するこだわりに大きな違いがある。私自身は、そばを食べることのみに興味を持ち、「美味しいそば」を「美味しく食べる」を究極の目標としている者の一人である。そばの食べ歩きをはじめた頃は、手軽なところで近くの店回りから始め、遠方は、出張や旅行の折に立ち寄る程度の興味であった。ところが、気がついてみると、そば屋行きを目的に旅を計画し、仕事の際の宿泊はそば屋へのアクセスを考えて決めるようになり、いつの間にか主客逆転の状態に陥っていた。私は題名に掲げたとおりそば打ちはできない。過去一度だけ試したことがあるが、その時のことは今でも鮮明に覚えている。戸隠にある「とんくるりん」という施設が開催する観光客向けの「そば道場」に参加し、指導を受けながらやっとのことで打ち上げた。蕎麦粉六割小麦粉四割の配合比で、ビギナー向けのカリキュラムだったにもかかわらず全く思うようにいかない。「水回し」「捏ね」「のし」「打粉」

「たたみ」「駒板切り」どれをとっても頭に描くような結果にはならない。教えられたり、励まされたり、慰められたり、最後には見兼ねた先生役の地元のおばちゃんが手直ししてくれる始末。奥の厨房で「茹で」「盛りつけ」ていただき、こちらの店の「つゆ」と「薬味」をもらい食べてみた。『ウ〜ン、まずい！』。そばの「香り」「コシ」「嚙み応え」「喉ごし」「風合い」何のことだったのか思い出せない。『これは大変なことだ！』。そば打ちの工程をひもといてみれば、「水まわし、くくり、ねり、菊揉み、丸出し、角出し、幅出し、のし、たたみ、きり」などに区分され、「一こね、二延ばし、三包丁」や「包丁三日、延し三月、木鉢三年」などという標語が存在するようだ。これはそば打ちの工程において一番大事なのは、最初の木鉢での作業だということを意味し、昔からそば職人の修業における座右の銘となっているようだ。このことを前もって思い出していれば、私がそばを打てないことなど自明の理であったのに、後悔先に立たずとはこのことである。ましてや今まで「そば通」を気取り、生意気に評価など口にしていた自分が恥ずかしく思え、そばに対する姿勢を一度根底から立て直さなくてはいけないと思った。そして、自分の文六度を知り、身の丈に合った「そばの打てないそば食い名人」を標榜する処に辿り着いたのである。名人といっても、そば食いの道を進む入り口に立ったという意味であり、特別優れた能力や知識を身につけたりしたことを意味しているわけではない。とは言っても、「名人」を目指すからには目標を定めないわけにもいかない。そこで、そば食いを始めてから今日までくぐった暖簾は一六〇〇軒余りを数えるが、まずは二〇〇〇軒を目標とし、その達成を待って自ら「名人」を名乗ることにした。あと何年かかるかは見当がつかないが、現在は「そばの打てないただのそば食い人」である。そしてめでたく「名人」を名乗ることができたならば、その先は観点を変えた上で次なる目標を考えることにする。おそらくゴールのない勝手な大道無門が続くのであろうが、行けるところまで行ってみるつもりである。「友蕎子」を名乗る一茶庵の創始者片倉康雄氏が、そば職人の目指す最高峰だとすれば、そば食いの向かう先を見つけるには「友蕎子」のみならず「北大路魯山人」（芸術家）や「大田蜀山人」（狂歌師）、池波正太郎（小説家）あたりのそばに係わる歴史をひもとく必要があるだろう。

二、文献よりひもとく、そばの歴史

まずは「友蕎子」について調べてみよう。江戸中期に「日新舎友蕎子」というそば好きの男が、当時の蕎麦事情を詳細に書き綴ったものを稿本にした。後に『蕎麦全書』として脱稿され、現在でもそばに関する重要な文献として取り扱われている。このようなことから、片倉康雄氏は、そば創始の時代を代表するそば好きであり、かつ研究熱心であった「日新舎友蕎子」にあやかり「友蕎子」を名乗ったのではないかと思われる。ただし、「日新舎友蕎子」自身がそば打ちを実践する第一人者であったかどうかは定かではない。

書、陶芸、絵画、料理などの総合芸術家であり、同時に美食家としても有名な北大路魯山人も名だたるそば食いの一人であったようだ。昭和二八年に発行された冊子『独歩』の中で、「おいしさというものは、材料の功が九割で、料理人の功はわずか一割である。蕎麦の旨さは、蕎麦粉の品質の良さだ」と言っている。食材には徹底的にこだわる魯山人に、こうも言わしめた旨い蕎麦粉とは、いったいどのようなものだったのか興味の尽きないところである。しかし、今となってはそれを特定できるような記述はどこにも残っていないようである。一方、昭和八年六月に開催された「日本風料理講習会」では、「そばつゆの醤油は、東京では濃口醤油を使うが、蕎麦には淡口醤油が良く調和する」と語っている。その証拠に、魯山人が主宰した料理店「星岡茶寮」で提供されるそばのつゆには、淡口醤油が使われていたようである。端緒を探ってみれば、魯山人のお気に入りだった京都の老舗そば店「河道屋」のそばつゆに、淡口醤油が使われていたことが窺われる。

蜀山人（大田南畝）は、江戸文化文政時代の狂歌人として名声が高いが、元は幕府の役人であった。大阪や長崎に赴任し、見聞を広めた後に江戸に戻り、多摩川沿線を巡回することを業としたようである。ある時、役向きで日野へ出向いた折、当地の名主である佐藤彦衛門宅に一宿を求めたそうである。その際、彦衛門が信州から取り寄せたソバの実を粉に挽き、そば切りにし振る舞ったところ、蜀山人は大いに気に入り、「六一才になる迄、江戸はもちろん諸国のそばを食べて歩いているけれど、これほど白い粉の、これほど見事に打たれた蕎麦を見たことがない」と言って、感動の挙句「蕎麦の文」という小文を書き上げ残していったという。この「蕎麦の文」には、蕎麦の語源と歴史を始め、各地のそばの紹介や、江戸のそば屋の様子などが書いてあり、蜀山人の博識と見聞の広さを物語っている。同時に、今も昔も変わらないそば好きの様子もうかがい知ることができる。文章の終わりには「……ことし日野の本郷に来たりてはじめて蕎麦の妙をしれり……」と褒めあげ、次のような蜀山人得意の狂歌でしめくくってある。「そばのこのから天竺はいざしらず、これ日のもとの日野の本郷」。この時に使われた蕎麦道具と蜀山人の書いた「蕎麦の文」の掛け軸は、今でも日野の佐藤家に保存されている。

池波正太郎は『鬼平犯科帳』『剣客商売』『仕掛人・藤枝梅安』の三大シリーズで時代小説の第一人者となり、絶大な人気を博す。一九六〇年、『錯乱』で第四三回直木賞を受賞し、昭和の文豪とうたわれた。また、池波氏は真田一族の歴史に深い関心を抱き、これを題材にした数多くの作品を残してきている。読者の間ではいわゆる「真田もの」と呼ばれているが、なかでも真田昌幸・信之・幸村の活躍をテーマにした

『真田太平記』は、これらの作品の集大成ともいえる作品で、『週刊朝日』に連載された長編大河小説である。取材のため長野県上田市を度々訪れていたようで、本人も上田の町や人々に対して格別な憧憬の念を抱いていたようである。上田駅の近くに「刀屋」というそば屋があるが、池波氏のお気に入りの店で、よく通っていたそうである。挽きたて打ちたての信州そばで、色は黒っぽく太打ちでコシが強い。つゆは比較的辛めだが、そばの強いインパクトに負けない味があり、ドップリと浸けて食べると良い。大中小とサイズを選べるが、量の多さが破格で、小で通常の一人前の量がある。他に味噌ダレで食べるもりそばで「真田そば」もある。そばの上になめこが六個載せてあり、真田の旗印六文銭に見立てているのだろう。こちらも量が多いので気を付けなくてはいけない。一方では、食べ歩きやグルメに関するエッセイもたくさん残しており、特に「食」に関しては強いこだわりを持っていた。例えば『男の作法』では、江戸っ子のそばの食べ方作法について語りつつ、池波流粋人としての食べ方を指南している。要約すると次のようになる。①クチャクチャ何度も噛まないこと②つゆはその濃さに合わせ好みでつける量を決めること③唐辛子はそばにのせること④もりそばは真ん中から手繰ること。また、「蕎麦前なくしてそば屋なし」と言い、そば屋で飲む酒をこよなく愛し、締めのそばと合わせて楽しんでいたようである。何軒ものお気に入りのそば屋があり、それぞれの店にそれぞれ決まった注文メニューをもっていたようで、神田須田町の「まつや」の「カレー南蛮」などは有名な話である。また、「天ぬき」や「鴨ぬき」をそば前にして酒を飲み、締めに「もり」を食べるといった店も多かったようだ。

三、そばを打つ側のこだわり

そば屋の主人というものは、得てして自らが職人を目指す人が多く、気質も職人気質という姿が一般的と考えられている。そのせいか、そばに関するあらゆることに対してこだわりをもってかかる人が大勢を占めている。一方、そば屋のかたちについてはいくつかのカテゴリーに分けることができる。まず基本には老舗を中心とした伝統を継承する守旧派があり、そば屋の基礎をかたちづくっている。近年になると創作新派とも言える開発型ニュータイプが多数登場し、そば打ちの基本を追求しつつもそば業界にイノベーションを巻き起こしている。加えて脱サラ系の趣味人派も多い。ライフスタイルの一つとしてそば打ちを始め、その趣味が高じてそば屋を開業するパターンである。一見すると世捨て人タイプのようだが実はなかなかの商売人であることも多い。それまでに経験したビジネス感覚を生かし、そば打ちの技術を裏付けに事業家精神をもってそば屋の経営にあたるのである。このように様々なタイプのそば屋が存在し、今後そばワールドは益々拡大すると思われるが、私のような自由気ままなそば食いにとっては大変興味深く、同時に歓迎すべき流れと言える。

それでは第一に蕎麦粉からはじめることにしよう。そば屋を目指す職人は、まず粉屋を選び、あれこれ使ってみるものの、なかなか納得いく蕎麦粉には巡り合えない。粉屋のなかには力のある会社があり、産地や挽き方もオーダーメイドで対応してくれたりもするのだが、職人のこだわりからすると、満足するにはほど遠いレベルのようである。そのため、全国の目ぼしい産地を自ら訪ね歩き、生産者と交渉に及ぶ。収穫時期や、一年を通しての供給が可能かどうか、はたまた乾燥や保存の方法については如何にするか。なかなかもって思い通りにはいかない。それはかりか、ブランド化した産地のほとんどの圃場では全く売ってもらえないのが実情と知り、まずは大きな壁につきあたり悩まされることとなる。ここで粉屋に戻る人もいれば、あくまでも生産者にこだわり全国行脚を続ける人もいる。はたまた、自ら栽培に手を染め、無農薬有機栽培、手刈り天日干しにこだわり脱穀し、石臼や金臼で自家製粉、しかも臼歯の材質についても蟻巣石や真鍮が良いなどと、こだわり方にも際限がない。一方、産地の地元では、品種の選択はもちろんだが、ソバの実の保存方法にもこだわりがある。最高の状態の粉を追求し、維持するために色々な保存方法を考えている。東北地方や一部の雪国では、収穫期に新そばを提供するのはもちろんだが、冬の大寒時に冷たい川の水や雪室を利用して保存して打った「寒ざらしそば」を特産品としている所が多くある。「寒ざらしそば」は、保存しておいた新蕎麦の実を、寒晒しの技法を使って寝かせることで、アクを抜き、甘みと香りの増した玄蕎麦を碾き打ったそばのことである。

次に玄蕎麦の挽き方だが、機械挽きはロール挽きとも呼ばれ、主に製粉業者が行うものなので、ここでは石臼碾きについて調べてみた。脱穀選別の終わったソバの実を玄蕎麦というが、これを少しずつ石臼に入れ、時計回りとは反対方向に回して碾く。スピードは各人の阿吽の感覚のようだが、いずれの職人も熱を持たないよう「ゆっくりと」という表現で一致している。碾いた粉を篩にかけて粒分けし、殻やゴミを取り除く。この時の篩にも職人のこだわりがあるようだ。網の材質がステンレスか真鍮か、なかには特注の馬の尻尾の毛を張ったものまである。はたまた網目のサイズに至っては四〇メッシュと六〇メッシュを基本に、固定したり使い分けたりと様々であるが、いずれもそれなりの理由があるようだ。篩を通った粉の粒子の細かさを一定以下に揃えることと、不純物の除去と粒子の大きい粉のふるい分けをするための工程だが、その道具にも職人ひとりひとりの感性が表現されている。現在は電動の石臼機が造られ、様々な要求に応えられる性能の良いものも増えていることから、全国的に広く普及している。反面、機械に頼らず、あくまでも手碾きにこだわる職人も数多く存在し、新規に始める人の中にも散見される。それでは石臼碾きによる蕎麦粉の種類について調べてみることにしよう。

殻付きのソバの実（玄蕎麦）を臼で碾き、殻を割ってふるい分けたものを丸抜きというが、これを石臼で碾いた時、最初に出てくる粉を一番粉と呼び、白く綺麗な色をしている。蕎麦の実の中心部分の胚乳を粉にしたもので、ほとんどがでんぷん質のため、味や香りが少なく、粘りもなくてつながりにくい。更科粉、芯粉または御前粉とも呼ばれ、更科そば、御前そば、切込みそばなどに使われる。一番粉でふるい分けられたものを再度石臼に入れて碾き、篩にかけたものを二番粉と呼び、一番粉でふるい分けられた殻も碾き込まれているため黒っぽい色をしている。並粉や標準粉とも呼ばれ、田舎そば、せいろそば、もりそばなどに使われる。そのまま使うか一番粉とブレンドしたりして、十割生粉打ちをはじめ、小麦粉などのつなぎと混ぜて打つそばなど広範囲に使われる。また、前述のように一番粉と二番粉をとり分けないで、全量を三段階最後まで碾き込んだ粉を三番粉と呼ぶ。色と香りが濃く栄養価も高いが、歯ぬかりしやすく食感は一番粉二番粉に比べると劣る。殻付きの玄蕎麦もしくは丸抜きをまるごと余すところなく碾いた粉を挽きぐるみ（全粒粉）と呼び、粗挽きや低速挽きなどの手法により数種類の粉を碾くことができる。ただし、玄蕎麦の挽きぐるみは殻が硬く碾くのが難しいため、丸抜きの挽きぐるみが一般的となっている。甘皮まで一緒に碾き込んでいるため色は黒っぽく、主に野趣に富んだタイプの田舎そばに使われる。製粉の最後に碾き出される粉は四番粉と呼ばれ、末粉とも言う。香りは高いが、繊維質が多くて舌触りが良くないため、乾麺などに使用される。

ここで少し、日本国内のソバの産地と品種を辿ってみることにしよう。日本最大の産地は北海道で、国内総収穫量の概ね四七パーセントを占めている（農水省令和元年）。その理由には北海道の気候が大きく影響していることが挙げられる。道内の特に生産量の多い地域で、七～八月の夏の時期が冷涼で昼夜の寒暖の差が大きく朝霧の発生が多いというように、ソバの成長に欠かせない条件が揃っているからである。

道内の収穫量をエリア別にみると、まず第一位が空知エリアで、幌加内町と深川市がその中心となっている。両市は市町村別生産量でも例年全国一、二位を争っている。栽培品種としては「キタワセソバ」が中心で最大の生産量を誇っている。幌加内町では、独自に新品種「ほろみのり」を開発し、町内全域に栽培を拡大しブランド化を進めた結果、全国的な知名度を得るようになった。一方、大正時代末期に伊達地方で栽培され、香り・風味・品質の三拍子がそろっていると称賛された「牡丹そば」は、その後交雑が進み、現在では幻のソバと言われるような希少品種になってしまった。しかし、「牡丹そば」の収穫量が道内で最も多い浦臼町では、この幻のソバの生産拡大のために、町内で栽培するソバを「牡丹そば」のみに限定し、地域の特産化につなげている。

次が上川エリアで、音威子府村と旭川市が中心となっている。旭川市江丹別地区の気温は、夏に三五度、冬はマイナス三八度に達することもあるほど、日本国内でも最も寒暖の差が激しい地域のひとつに数えられている。そこで育てられた江丹別地区のソバは品質の良さで知られ、「江丹別そば」というブランドで多くのファンを集めている。また、日本麺類業団体連合会と契約栽培を行っており、東京の「上野藪蕎麦」などの老舗で江丹別産の蕎麦粉が使われている。またソバ生産北限の地である音威子府村産の玄蕎麦は、高級品としての評価が高いため、本州からの引き合いが多く入手が難しい状況となっている。

続いて十勝エリアだが、国道三八号沿いには約一・五ヘクタールにわたってソバ畑が続き、通称「そばロード」と呼ばれ、ソバの花が満開となる七月の終わりには「そばの里まつり」が開催される。また、ここには白ではなく赤い花を咲かせる「高嶺ルビー」というソバも栽培されている。これはヒマラヤ原産のソバで、長い年月をかけて日本の風土に合うよう改良された。ポリフェノールを多く含む赤いソバの花は、九月末頃まで美しい景観を楽しむことができる。特に新得町と鹿追町産は、国内最高級品とされ高値で取引されている。

最後に後志エリアだが、蝦夷富士と称される秀峰、羊蹄山に降った雨が長い年月をかけて濾過され、環境省の名水百選にも選ばれた水が湧く地域。羊蹄山の美しい姿を背景に望むソバ畑の景観は、この地でなければ見ることができない絶景である。ここでは、地域オリジナル品種の「ほろみどり」が開発され、普及推奨されている。香りと独特のえぐみの強い「キタワセソバ」と比べると、甘味が強くクセがなく上品な味わいである。名水で育ち、名水をたっぷり使って作られるそばの味は絶品。倶知安町には、平成二一年度の日本蕎麦協会会長賞を受賞したそば店もあり、こだわりの味を楽しむことができる。

次に、北海道で栽培されている代表的なソバの品種を、収穫量の多いものから紹介してみよう。

「キタワセソバ」。早熟で食味風味が良く、収穫時の脱粒が少なく多収のため普及が進み、現在では、北海道の全収穫量の約九〇パーセントを占める最大品種となっている。

「牡丹そば」。北海道で最初につくられ、「キタワセソバ」が普及するまでは北海道を代表する品種だった。香りが深く現在も人気があるが、個別の農家が独自に継承しているのみで生産量が減っている。

「キタノマシュウ」。新品種で、十勝管内浦幌町で採種生産されている。甘みがあり風味も良く今後の増産が期待されている。

二位は長野県で、国内総収穫量の概ね七・一パーセントを占めている。品種としては「信濃一号」が最も多く、ついで「信濃大《オオ》そば」となっている。北海道のように地域限定の栽培種とは異なり、全国各地で栽培されている普及種である。ただし、長野県最南端に位置する遠山郷下栗の里で栽培される「下栗在来種」は、地域限定の希少品種として地元で大切に生産維持されている。下栗の里は、しらびそ高原の山麓で標高一〇〇〇メートルほどの高地にある。三〇度以上もある急傾斜に張り付くように五〇軒ほどの家屋と耕地が点在している集落で、「日本のチロル」、「天空の里」などと呼ばれている。お神楽など古くからの伝承文化が守られ、神秘的な雰囲気の漂う地域でもある。

三位は山形県で、国内総収穫量の概ね六・一パーセントを占めている。品種としては古くから栽培されてきた「最上早生」と、一九九九年に品種改良により「でわかおり」が登場し、現在この二種でほぼ九割を占めている。近年になり、二〇一八年には「でわかおり」と「常陸秋そば」の交配種「山形BW5号」が新品種として作付けを開始しており、「でわ宝」という愛称でデビューする予定らしい。食味・香りともに良く、麺の色味の緑と白が強く、今後の普及に期待が寄せられている。その他県内各地に在来種も存在しており、収穫量は少ないものの希少品種としてそれぞれの地域で守り継がれている。続いて令和元年の農林水産省による統計では、四位栃木県、五位秋田県、六位茨城県、七位福島県、八位岩手県、九位福井県、十位鹿児島県となっている。

話をそば職人のこだわりに戻す。第二に水。そば作りに水はかかせない。蕎麦をこねる作業での水回し、茹でる作業での茹で水、冷水で締める作業での水、美味しいそばをつくる「打つ・茹でる・締める」作業全てに水が大きく関わっている。そばづくりには、カルシウムとマグネシウムの少ない軟水が適していることは周知であるが、こだわりの世界ではそう単純なことではないらしい。よく清廉な水といった表現を聞くが、私にはその意味がよくわからない。そもそも美味しい水の味というものを理解していないのかもしれない。美味しいと好きとはそれぞれ違う次元の表現で、どちらも比較相対的なものである。美味しいそばを打つための最適な水とはどのようなものなのかを、解り易く説明してもらいたいと思っている。そばづくりには切っても切れない重要な水であることは理解している。しかし、多くの評論では、深山幽谷の山奥より涌き出でたる神様からの贈り物のような水がもてはやされる傾向がある。美味しい水、好きな水とは別の評価なのだろうか。あるいは入手困難な特別の水といった稀少性を求めてのことなのか。名水と呼ばれる水が良いのだろうか。実際のところよくわからない。決して批判的な気持ちで言っているのではなく、私のような一般人が聞いても簡単にわかるような、そばづくりに最適な水の説明がほしいと思っているだけなのである。第一に、無色透明で綺麗な水であること。第二に、冷たく年間を通して温度差が少なく、無味無臭の軟水であること。第三が、そばを表現するときに、邪魔をせず引き立たせる要素を持っていること。以上の三つが、水回し、茹で、締めの水として必要な基本条件だと考えられるが、これに独自のストーリーが付け加えられ、そば水としての独自の命が生まれる。などというふうに解釈すれば良いのだろうか。ストーリーとは、自然環境、言い伝え、名水百選、地域の伝統など、水の氏素性のようなもので、そば水としての付加価値を上げる要素のことである。いずれにしろ水に対してはこだわりがある。

第三はつゆ。そばつゆは「かえし」と「出汁」を合わせてつくるが、もり汁（辛汁）とかけ汁（甘汁）に使い分けられる。特にもり汁については、「かえし」に合わせる一番出汁と二番出汁との違いで、ざるそば用ともりそば用とに使い分ける時代もあったようだが、現在はもりとざるの違いを海苔の有り無しで区別する店が一般的となり、もり汁を使い分けている店は稀に見るのみとなってしまった。いずれにしても、そば屋におけるそばつゆは、そば以外の料理にも使うことからも店の味の基本となっている。したがって、それぞれの店が材料や作り方に工夫を凝らし独自の特徴を出している。なかには秘伝としている店もあるようだ。まず「かえし」は、醤油に味醂と砂糖を加え、沸かしてから寝かせる「本返し」と、沸かさずに長期間寝かせる「生返し」がある。いずれも、醤油から麹の持つ角をとり、旨みと香りを引き出すための技法である。次に「出汁」だが、これはなかなか奥が深いようで、基本の鰹節ひとつとってみても、産地はどこで生節から本枯れ節にいたるまで店の嗜好が凝らされている。なかには鯖節やスルメイカ、干し椎茸などを隠し出汁として使い、独自の味を出しているところもある。関西では昆布も併用する店が多い。つゆに醤油を使い始めたのは江戸中期からのようだが、それまでは味噌を煮詰めて作る「煮貫」なるものをベースにしたつゆを使っていたようである。江戸時代の料理本『料理物語』には「味噌五合、水一升五合、かつほ二ふし入れせんじ、ふくろに入れた候、汲返し汲返三辺こしてよし」とある。現在では、銀座三河屋で「煮ぬき汁」という名で市販されているので、昔の江戸の味に興味があれば試してみるのも面白い。

第四がそば。日本では古くは「続日本書紀」（七～八世紀）のなかで、元正天皇の「勧農の詔」に「救荒作物」として取り上げられているが、その時代には非常食として実をそのまま食べていたようだ。鎌倉時代になり中国から挽き臼が伝わると、実を粉に挽き、そばがきや団子、おやきなどに加工して、ようやく主食として食べられるようになる。一六世紀になると、やっと「ソハキリ（そば切り）」の名前で、現在のそばのような細い麺状のものが文献に登場するが、当時はまだ茹でずに蒸して食していたようである。その後江戸時代初期になると、当時高遠藩の領地に「本山」という集落（現在の長野県塩尻市郊外）があり、その辺りが「そば切り」発祥の地とする説が論じられるようになる。一七七六年出版の『本朝文選（風俗文選）』には「蕎麦切りといっぱ、もと信濃の国本山宿より出で、あまねく国々にもてはやされける」とある。その後「そば切り」が庶民の間でも広く食べられるようになるのは江戸時代に入ってしばらくしてからである。「そば切り」が生まれて初期の頃は、寺院や茶席でのみ食されていたが、一五八六年大阪城が築城された年に、大阪の「和泉屋」という菓子屋がはじめてそば屋を開業した。その場所が築城に使う砂を置く土地だったことから「砂場」という名称で呼ばれるようになり、やがて屋号となったのだという。その後この店は江戸城を作る際に江戸に移転している。また信州から来て江戸で生活をする布商人の清右衛門が、飯野藩主「保科正率」の勧めにより、一七八九年に「信州更科蕎麦所布屋太兵衛」を出店した。信州から持ってきたソバの実の中心のみを挽いた、「白い蕎麦」で大ヒットしたという。それから江戸の各所でそば屋が生まれたが、その中には「信州蕎麦」に対し、ソバの実の甘皮を入れた薄緑色のそば「藪蕎麦」を出す店も現れた。こうしてそばの三大暖簾といわれる「砂場」「更科」「藪」が生まれ、そばが庶民の間で広く食べられるようになっていった。当時江戸では最盛期には四五

○○軒余りのそば屋が林立していたという文献がある。さらに、晦日に食べる「晦日そば」や、大晦日に食べる「年越しそば」、引っ越しの時挨拶がわりにご近所に配られる「引っ越しそば」の習慣も庶民の間で根付き、江戸文化の一翼を担う存在にまで広がっていった。

第五が道具。蕎麦粉の碾き道具である「石臼」と「篩」については、第一の蕎麦粉のところで触れているので、ここでは打ち道具について述べることにする。「こね鉢」「のし棒」「のし板」「包丁」「こま板」「舟」などなど。備品までいれると数えきれないほどたくさんの道具が使われている。これらは、すべて職人の技を引き出すために体の一部となるものであるから、こだわりがあって当たり前である。ただし、そばを打てない私としては、打ち道具について調べたことがほとんどない。何故かと言うと、食い手が興味の対象とするべき物ではなく、打ち手に任せるべき分野だと決めて、あまり頓着しないようにしてきたからである。したがって、この分野については、打ち手側に立つ方々に委ねることにして、これ以上は触れないことにする。

第六が食い道具。まずはもり器。これは何が正統なのかは諸説様々あるようだが、大別すると、

「ざる系」「せいろ系」「板系」「皿系」の四系統からなると思われる。変わりそば用で塗り物の「割子」があるが、これは基本的なそばのもり器としては系統外と考えられる。「ざる系」は、一般的には竹編の丸物が殆どだが、なかには根曲り竹を編んだものや高台付きの高価なものもある。また、裏表逆さにしてまるで上げ底状態のようにして使うものもある。

「せいろ系」は、木や竹、プラスチック製などの枠に簾を敷いてそばを盛る。丸物と角物があり、漆塗りや秋田杉を使った高級品や人間国宝の工芸作家に特注したものを使う有名店もある。いずれも二枚三枚と重ねられるのが特徴で、江戸時代の庶民画などに登場する、そば食いのシーンでよく見られる。人の座り丈よりも高く重ね上げたせいろの姿がその象徴と言える。また、「そば切り」が食べられるようになった初期には蒸していたようだが、その後茹でるようになってもその名残が器として残ったの

ではないだろうか。

「板系」は、山形県内陸部に多く見られるスタイルで、盛られるそばは素朴な田舎そばが基本のようだが、まれに細打ちの繊細なものを盛る店もある。昔、大きな長い板や木箱にそばを盛り付け、農作業等の共同作業や集会後に振る舞ったのがその由来とされている。木で作られた長方形の浅い箱状の器に薄く盛られる。水切れの早いせいろに盛るよりも水分の吸収が多く、太打ちの田舎そばにはちょうど良い塩梅となる。山形県内にはいくつかのそば街道が点在するが、全国屈指のそば店の集中地域となっており、昨今ではそば好きにとってたまらない「そば旅」の聖地となっている。

「皿系」は、陶磁器に直接盛るものと、水切りのために簾を敷いたものがあるが、なかには特注で皿に直接水切り穴を開けたものも登場している。いずれの「皿系」も、その機能を活かすと言うよりは、むしろ陶磁器の持つ風合いや趣味的な要素が強いように思われる。

次にそば猪口だが、これはなかなか奥が深い。江戸初期、中期、後期から明治、現代に至るまで、時代によってそれぞれの特徴が見られ、庶民文化として永らく作り続けられてきた。今や、そば食いのための道具というよりも、酒器として使われたり、コレクションとして独自の地位を築いているような感もある。形、絵柄、染付、色付け、陶器、磁器、窯の特徴、時代色などなど興味は尽きない。とは言うものの、食い道具として手に持ってみると、その良し悪しは、大きさ、重さ、姿、絵柄、全体の風合いと思えるが、やはり使ってなんぼの道具と言える。もち手への馴染み具合、手繰ったそばの入れ具合、ストレスを感じない丁度良いバランスなど、どれも食い手の趣向に合ったものが最高ということになる。

最後に「箸」。道具としては割り箸で充分満足なのだが、できれば先の細い物の方が勝手が良い。そばを食う側としては、短く切れたそばの最後の一本まで残さずたいらげたい気持ちが強い。それが打つ側に対するささやかな礼儀だと思っているからである。そんなことを考えながら、最後の数本を摑むには先の細いものが重宝だし、同時に食べ進むときにも手繰り易く、さらには摑んだそばの本数も実感しやすいのである。したがって、表面がつるつるしたタイプの塗り箸などは、見た目には豪華だが、そばの食い道具にはむかないと言える。

四、そばを食う側のこだわり

そばを打つ側の話にそばを食う側の話が重なってきたので、そろそろそばを食う側のこだわりについて考えてみることにする。そもそも、私がそばを意識して食うようになったのは五〇歳を過ぎた頃だったように記憶している。もともとは、税理士だった父親がそば好きで、私が子供の頃、取引先の社長たちを誘い、観光バスをチャーターして、信州戸隠あたりまで一泊二日のそば食いツアーを毎年企画していた。そして、あろうことか、つゆのまずい店に当たった時の為に、自分が日頃から贔屓にしているそば屋に頼んで、つゆを一升瓶に入れてもらい持ち込むのである。そばを看板に掲げている専門店に対して失礼極まりない行為であり、子供ながら恥ずかしい思いをしたことを覚えている。後になって、食分野の編集者として、また蕎麦の研究でも著名な片山虎之助氏の著書『蕎麦屋の常識・非常識』を読ませていただいた。その中で浅草「弁天山美家古寿司」の内田榮一著『浅草寿司屋ばなし』でのエピソードが次のように紹介されていた。「浅草『並木藪蕎麦』のそばつゆで、上野『蓮玉庵』の蕎麦をたべてみたら、どんな味になるのだろうかという話になって、それを実行してみたのだという。『並木藪蕎麦』で注文した蕎麦のつゆを密かに徳利に移し、それを持って『蓮玉庵』に行った。それで蕎麦を食べてみたのだが、まったく期待に反して失敗に終わってしまった。」とある。父が亡くなって既に一八年が経過しているので、本人は本著の存在は知る由もないのだが、そば食いの興味はいつの世も変わらないものかもしれないと思い納得した。昔は子供の感性で恥ずかしいと感じたことだが、現在の自分はどうかといえば、イタズラ心半分で同じようにやってみたいと思うから不思議であり、血は争えないものである。そんなことで二日間に六、七軒のそば屋を巡るのだが、当時の私にとっては特段そばが好きでもなく興味もなかったが、父の言いなりで何となく参加していた。どちらかというとバス旅行そのものの方が楽しく、そばの味よりも車窓からの景色や途中立ち寄ったリンゴ屋のことの方を覚えている。したがって、当時のそば屋の名前もその味もまったく記憶に残っていない。そんな少年期を過ごしていた私が、五十歳を過ぎてからなぜそばに興味を持つようになったのかは、自分でも皆目わからない。ただ言えることは、当時そばを食べることに興味はなかったものの、そば屋の雰囲気は嫌いではなかったし、数多くの店に連れて行ってもらった経験が、後にそばと向き合う際のハードルを下げることに繋がったのかもしれないということである。「三つ子の魂百までも」である。改めてそば好きだった父親に感謝しなければならない。

そばの食べ歩きを続けているうちに、いくつかの疑問を抱くようになる。その中の一つが、世に言う「そば通」の能書きである。「江戸そばの食べ方作法として、まずそばを一本何もつけずにすすり、その香りを楽しむ。次に五、六本を手繰ったら先の方四分の一ほどをつゆにつけ、一、二度ですすり、三、四回噛んで喉ごしを感じながら呑み込む」とある。一瞬自分も「そば通」になったような気になり試してみる。なるほど潔い姿かたちである。ヨシッと思ってもう一度。得意になって繰り返している自分に気付き、ハッとして周りを見渡してみた。そんな食べ方をしている客は一人もいない。嬉しそうな表情でドボッとつゆにつけてモグモグと噛んでいる人。手繰ったそばを半分ほどそば猪口に入れ、残りはまだせいろの上に残したままますすり込み、次々につながったまま手繰ってはすする、という見事なまでのパフォーマンスを演じている人。つゆをつけずにまずすすり、次にチョイ付けしてすすり、続いてドボッと付けてモグモグ、繰り返し定まらない食べ方をしている人。「そば通」を気取り、何となくカッコつけてみた自分の姿が滑稽に思えてならなかった。もともとそばの食べ方に決まりはない。それぞれのそばの個性や地域によって、それぞれの人が一番旨いと思うやり方で、好き勝手に食べるのが正統派だと思う。そしてそばの食べ方の極意は「美味しく食べる」に尽きると思う。付け加えるとすれば「腹一杯食べる」かもしれない。「美味しいそばを食べる」ことは簡単である。美味しいそば屋を見つければよいのである。一方、「美味しく食べる」のはなかなか難しい。いくら美味しいそばであっても、店の対応が悪かったり、清潔さに欠けていたり、マナーの悪い客がいたりと、そばそのもの以外の要因で、せっかくの美味しいそばが台無しにされてしまうケースがよくある。また、自身の体調が悪く、味覚が落ちて美味しさを感じなくなっていたりすることもある。体調以外に心の状態も大きく影響するだろう。良い店に入り、精神状態が安定し、これから食べようとするそばに対するワクワクとした期待感を持って注文に臨む。大好きな仲間と一緒であればなおよろしい。結果美味しいそばであったならば、達成感と共に、ここで「美味しく食べる」が実現するのである。生意気に聞こえたかもしれないが、そば食いの一人として、江戸そばの作法に対する私見を少し申し述べただけであり、批判したわけではない。とは言ってはみたものの、そば屋での所作や立居振舞いについては、自分なりのダンディズムを追求していることも事実である。

五、そばの種類

一口にそばと言っても様々な種類があることは周知であるが、あらためてそれぞれのそばについて一考してみることにする。

まずは、そばの太さによる区分について調べてみることにしよう。江戸後期から明治に入ると、そば切り専門の包丁と小間板（駒板）が出現し、それによりそば切りの姿にいくつかの定番が出来上がってくる。そして江戸のそば職人達によってそばの切り巾についての御常法（御定法）が確立されていった。これは蕎麦の切り巾の違いによりそばの太さ・細さを示すものであり、畳んだそば生地一寸を二三回で切ることを基本とし、これを「中打ち」としている。そしてこれより太く打つと「太打ち」、細く打つと「細打ち」となる。「中打ち」は「切りべら二三本」といわれ、畳んだそば生地一寸（三・〇三センチメートル）、巾を二三本に切るので一本の切り巾が約一・三ミリとなる。この状態のそばの断面を考えると、生地の厚みを約一・五ミリに延ばしたとすると多少縦長ぎみの長方形になり、やや平たい感じの仕上がりになる。これに対し「太打ち」は、「切りべら一五から一〇本」で切り巾は二ミリから三ミリの太さになり、地方に多い太い田舎そばなどがこれにあたる。「細打ち」は変わり蕎麦などに多く、「切りべら四〇本程度」で切り巾が約〇・八ミリの細いそばで、さらに細いものは「極細打ち」と呼ばれる。「切りべら」とは「切平」のことで、延した厚さよりも切り巾を薄く切ったものであり、反対は「のしべら（延平）」であり、延しの厚さより切り巾のほうが広いものをいう。

「更科そば」

蕎麦の実の芯を碾いた一番粉の更科粉で打ったそばで、色は白く香りは弱いがほんのりとした甘みと特有の風味があるのが特徴である。一番粉は「つなぎ」となるグルテンが少なく、でんぷんを多く含むため、打つ際には、「つなぎ」に小麦粉を加えるか湯練りする必要がある。一般的には細打ちが多く「御前蕎麦」とも呼ばれ、上品な雰囲気を持ったそばと言える。色の白さを利用して、ゆず切り、けし切り、しそ切りなど、季節のものを打ち込んだ「変わりそば」としても私たちの舌を楽しませてくれる。「更科そば」の歴史を追うと、信濃の国（長野県）がその発祥の地であったことがわかる。江戸の昔、信濃の国にそばが伝播して以降各地に集散地ができ、信州そばとして定着していったようである。その中の一つに保科村更級があった。あるとき当地出身で信濃布を江戸で売る保科村の清右衛門が、同じ保科村発祥の保科家の江戸屋敷に滞在した折にお礼にそばを振る舞ったという。その際に、そば打ちの腕を見初められそば屋への転業をすすめられる。そして清右衛門は更級の「級」の字をお世話になった保科家の「科」に替え、清右衛門改め「信州更科蕎麦処布屋太兵衛」を創業した。時は寛政九年（一七九七年）であった。清右衛門の店のそばは胚乳部分を粉にした白い蕎麦粉を使う「御膳蕎麦」と呼ばれる高級品で、庶民の食べる二八そばとは一線を画すものだったと思われる。以来「更級」は「更科」として江戸の町に定着し、現在の白い蕎麦粉は「更科粉」、白い江戸そばは「更科そば」と呼ばれるようになった。

志の家（北海道札幌市）

北海道産石臼挽「更科」と「並粉せいろ」がある。「更科」は切口の角を落として極細に打たれ、程良い弾力と強いコシに仕上げられている。「並粉せいろ」は少し黒っぽくざらつきがあり、「更科」と比べると香りが強くやや田舎風の風合いとなっている。どちらも美しく打たれ、喉ごし良く、そばの甘みを感じる上質のそばである。つゆは江戸前風の辛汁だが、やや甘味を感じる引き締まった味わいである。ここのご主人はかつて「一茶庵」の片倉康雄氏の元で修業したそうである。店の雰囲気も落ち着いた風格があり、サービスも行き届いていて気持ちが良い。北海道の名店の一つといえる。

「田舎そば」

太めで黒っぽく、そばらしい味わいの濃いそばで、更科そばとは対極の位置にある。「山家そば」とも呼ばれ、江戸風そばに対して地方のそばという意味合いで、都会の洗練されたそばに対して、山里の無骨なそばという風に対照を際立たせているようだ。野趣豊かな味わいでそば本来の香りや味わいが楽しめる。噛むほどにそばを実感できる独特な世界を作り上げている。太さも手伝ってか、温かいそばも人気がある。根強いファンが多く、有名店が地方の山間部に多いこともあって、旅を兼ねたそばの食べ歩きの対象にもなっているようである。

あらきそば（山形県村山市）

大正九年創業の老舗で、茅葺屋根の民家をそのまま店として利用している。地元村山産の玄そばを毎日自家製粉している。ほぼ十割の挽きぐるみで極太に打ち上げ、噛みしめるほどに野趣豊かな味わいで、山形県を代表する田舎そばと呼び名も高い。ほぼというのは、夏場など状況によってはつなぎを使うことがあるという意味である。「うす毛利」とよぶ板そばで供され、甘めのかえしに出汁のきいたつゆで極太の麺と絶妙のバランスが素晴らしい。「最上川三難所そば街道」の十四番。

「ざるそば、もりそば、せいろそば」

ここで「ざる」と「もり」の違いについて触れておくことにしよう。江戸時代の風俗を記録した名著『守貞漫稿』によると「江戸では二八蕎麦にも皿は使わない。外側が朱塗りで、内側を黒く塗った器を使い、底に竹簀を敷いた上に蕎麦を盛る。これを盛りという。盛り蕎麦の下略なり」とある。つまり、「もり」はせいろに盛ったそばを指したものだったのである。また、古くは一番出汁のつゆが「ざる」、二番出汁のつゆが「もり」という風に、グレード分けのために使い分けていた時代もあったようだが、現在はほとんど区別がなくなり、「せいろそば」との兼ね合いから器の違い、もしくは海苔の有り無しでの区別が大勢を占めているようだ。蕎麦粉とつなぎの配合割合の違いにより、十割（生粉打ち）、二八、九一、外一、外二などと呼ばれているが、蕎麦粉の性質、喉ごし、香り、歯ごたえなどのバランスを考え、職人の好みで独自に選択し打たれている。中でも蕎麦粉を十割のつなぎなしで打つには、熟練の技と経験が必要とされる。その日の気温、湿度、水の温度、粉の状態によって職人の感覚で調整し打つ。水回しから捏ね、のし、切り、茹で、締めに至るまで、気の抜ける手順はなく、失敗すればまるで食べられたものではない結果となり、つなぎを入れて打ったそばの方が断然旨い仕上がりになる。それでも挑戦する職人のこだわりには凄みすら感じることがある。余談になるが、江戸時代初期のそば切りは十割で打たれていた。生粉打ちのそばと言う意味から「生蕎麦」という表現が生まれ、後に十割そばを提供するかどうかにかかわらず、独特な字体で書かれたものがそば屋の看板に使われるようになった。現在ではすっかり定着し、全国どこの地域に行っても街角のそば屋の看板や暖簾でよく見かける。

　つなぎの役割は言うまでもなくそばを麺状に保つために蕎麦粉と蕎麦粉をつなぎ合わせることである。言いかえれば、そばを打ちやすく切れにくくするためのものであり、多くの場合小麦粉が使われる。江戸時代に小麦粉をつなぎに使うそば切りが誕生し、蕎麦粉八割小麦粉二割で打つそばが流行し、「二八そば」という名で定着した。また、当時のそばの値段が一杯十六文だったことから、二×八＝十六に掛けた言葉で「二八」は値段を意味していたとも言われている。以来、江戸前ではそばは二八を旨とし、頑固なまでにこれを守り、伝統文化として今日に至るまで継承されている。一方、小麦が収穫できず手に入らなかったり、高価なためにそばのつなぎに使うことができなかった地域も数多くあった。そのような地域の人々は、日常生活の中で手に入りやすく安価なものを工夫し、試行錯誤を繰り返しながら独自にそばのつなぎを作り出してきた。それが現在に至るまで継承されて、地方色豊かな名物そばのつなぎとして残っている。それでは小麦粉以外のつなぎについて調べてみよう。

「山芋（自然薯）」「卵」は全国各地で日常的に使われている材料である。卵は古くは高級品であり、つなぎとしてはやや使いにくい面もあったようであるが、今日では安価で手に入れやすいものとなり広く普及している。全卵を使うのが一般的のようで、粘りが強くつなぎの効果は高い。一方山芋はというと、全国的に広く自生し、滋養効果の高い食品として古来より好まれてきた。身近で手に入りやすい材料でかつ粘り気が強く、小麦粉以外のつなぎの中では代表格といえる。

金太郎（静岡県御殿場市二の岡）

御殿場では古くより「みくりや（御厨）そば」と呼ばれる郷土そばが作られてきた。祝い事などの際に手作りのそばを振る舞う習慣があり、「お振る舞いそば」としての設えに加え、その喉ごしの良さと素朴な味わいが魅力となっている。水を一切入れず蕎麦粉と同量の自然薯（山芋）をつなぎに使い太目に打たれている。鶏肉で取った出汁と野菜やきのこなど具沢山のつゆが特徴で、そばはすするというよりも、つゆと一緒に噛んで食べるタイプで、量の多さとともに食べ応えのあるご馳走である。そばは北海道産の玄蕎麦を使い毎日石臼で自家製粉している。そば以外、山芋と鶏肉をはじめとするほぼ全ての食材は地元産が使われ、地産地消に一役かっている。

「ふのり」は、新潟県小千谷市から十日町市に至る地域で古くからそばのつなぎとして使われてきた。このあたりは、「小千谷縮」や「十日町おめし」といった日本でも有数の織物の生産地であり、海藻の布海苔を煮て糊を作り布地を織るのに使ってきた。土地柄日常的に手に入るふのりをつなぎにして打ったそばが「へぎそば」として定着した。へぎ（片木）と呼ばれる木製の大きなせいろに、手繰りといって一口ごとに八の字にまとめたそばを規則正しく並べ美しく盛り付けられている。色はやや緑がかり、ツルッとした喉ごしでコシがあり、他に類を見ない独特な味わいのそばである。

小嶋屋総本店（新潟県十日町市）

十日町へぎそばの代表格で、大正十一年創業の老舗である。最高級ブランド米「コシヒカリ」の水田地帯に、忽然と姿を現す大きな水車がトレードマークとなっている。地元産を含む国産の玄蕎麦を使い「挽きたて、打ちたて、茹でたて」の「三たて」を守り、ツルッとした喉ごしと、シコシコとした歯ごたえのそばを作り上げている。もちろんふのりつなぎの「へぎそば」で、手繰り盛りも美しく、端から順番に食べ進むのが楽しくなる。つゆは鰹節に昆布を合わせたやや薄めの味で、そばをどっぷりとつけてからすするのがお勧めの食べ方である。薬味にあさつきの干したものが出されるが、皮を剝き齧ったり、つゆに入れてそばと一緒に食べたりする。独特の香りと辛味がふのりつなぎのそばと良く合い、へぎそばにはなくてはならない出会いの薬味となっている。また山葵ではなく和がらしが薬味とされるのも珍しいが、この辺りは山葵が栽培されない土地柄のため、古くから「へぎそば」には和がらしが標準とされてきた。

「オヤマボクチ（雄山火口）」は。ヤマゴボウともよばれるキク科の植物で山菜として知られている。古くは火打石で火をつけるときに、葉の裏に生える細かい毛が火口として使われたことからこの名が使われるようになったようである。葉を乾燥させて繊維を取り出しつなぎとして使う。オヤマボクチ自体には香り風味はなく、そのためにそばの風味が生かされコシのある見事なそばに仕上がる。長野県北部の山間部では現在でも珍重されているが、つなぎにするまでの手間がかかることから幻のそばとまで呼ばれている。

はしば食堂（長野県飯山市）

飯山市富倉地区の谷あいにあり、古い住宅をそのまま食堂として使い営業している。

豪雪地帯の限界集落にあり、八〇歳を超えるおばあちゃんが現役でそばを打っている。オヤマボクチをつなぎにした「富倉そば」を、昔から伝わるやり方でかたくなに守っている。本物のおばあちゃんの味である。蒟蒻のような弾力があり、ツルッとした喉ごしで、そばの野趣溢れる香りとザラッとした食感が残っている不思議なバランスのそばで、それが幻のそばと言われる所以なのかもしれない。富倉地区の特産品である笹寿司も旨い。後継者がいないため伝承が危ぶまれている。

「湯ごね」は、熱湯で練った蕎麦粉やそばがきをつなぎに使う方法で、十割そばを打つひとつの技法である。つなぎに小麦粉を使う理由は、小麦粉のでんぷんに水をまわすことでグルテン（タンパク成分）を引き出し、その粘りで蕎麦粉の粒子をくっつけ、そばが切れないようにするためである。「水ごね」と「湯ごね」の違いは、蕎麦粉をつなげる力として、たんぱく成分を利用するか、それともでんぷんを利用するか、というところにある。小麦粉のたんぱく成分は、水を加えるとグルテンを形成し強い粘性を発揮させるが、熱湯の中では凝固してしまい粘性を引き出せない。したがって、グルテンの力を利用する場合には「水ごね」が適しているわけである。これに対して「湯ごね」では、熱湯を加えることによって蕎麦粉のでんぷんを糊化（α化）して粘性を引き出す。そしてその粘りの力でつないでゆく。でんぷんは水に溶けても糊化しないが、熱湯の中だとたちまち粘力を生じて互いにくっつき合う性質を持っている。「湯ごね」により、蕎麦粉以外のつなぎを一切使わず打ち上げたそばは「十割そば」「生粉打ちそば」として、そばの純粋な風味と喉ごしを味わうことができる。そのため、そば食いにとっては興味深いジャンルのひとつとなっているのである。十割そばについては多くの蘊蓄が存在するが、味の良し悪しは蕎麦粉の質で決まると言える。良質の蕎麦粉なくして旨い十割そばは絶対に打てない。加えて技術については、「一本棒、丸延し」と呼ばれる、郷土そばによく見られる打ち方に尽きると言われている。太い麺棒一本で、延ばした生地を巻きつけてはトントンという音をたてて打ち付け、薄く大きく広げていく。見ているだけでも出来上がりに期待が膨らむ。恐らくこの音から「そば打ち」という表現が生まれたのではないかと思われる。

ラ・ネージュ（福島県耶麻郡猪苗代町）

喫茶店のような外観の店だが、十割そばが絶品で、休日ともなると行列が絶えないほどの人気店である。地元産「会津のかおり」の丸抜きを使い、芯の部分のみをロール碾きし、更科系の十割そばに仕上げている。ツルッとした喉ごしとハリのある弾力が特徴で、鰹節と昆布でとった出汁を使った会津らしいやや甘めのつゆとの相性も良い。喫茶店と食いもの処の店でありながら、客のほとんどが注文するというざるそばがこの店の看板メニューとなり、広く知られるようになった。

「変わりそば」

真っ白な更科そばに旬のものを切り込んだ変わりそばで、古くは、鮮やかな色合いと季節の風味をそばに切り込むのが江戸前の風流とされ、そば好きの遊び心をくすぐる季節そばとして人気がある。職人により練り込む種は様々だが、いくつか例をあげてみることにしよう。一月柚子、二月春菊、三月蕗の薹、四月桜花、五月新茶、六月紅花、七月笹、八月紫蘇、九月菊花、十月罌粟、十一月梔子、十二月南瓜、などが季節の代表種だが、他にも梅、くこ、青海苔、レモン、トマト、あさりなど様々な物が使われ、新しい味覚にチャレンジする職人も多い。

松翁（東京都千代田区猿楽町）

この店の主人は、脱サラでそば屋修業した後に開業しこの道に進んだという。その後「松翁」の歴史を刻み続け四十年ほどが経過した現在、常連客も多く、都内の有名老舗そば店と比較しても、堂々と渡り合えるだけの力量を身につけている。毎日「並そば」「田舎そば」「変わりそば」「うどん」「きしめん」「冷麦」の六種類を打つが、「変わりそば」は季節やその日の仕入れ状況により切り込まれる種は変わる。「並そば」は、茨城県産「常陸秋そば」を使用し、玄蕎麦の殻を剝いた丸抜きを自家製粉し、十割の細打ちに打ち上げている。「常陸秋そば」の上品な香りが立ち、エッジの効いた喉ごしがたまらない旨さを引き出している。出汁は、北海道の真昆布、枕崎の本枯れ節、干し椎茸から丁寧にとられており、濃口と薄口の二種類の醬油から作られた火入れをしない生返しと合わせて、それぞれの用途に使い分けられている。天ぷらをはじめ他のそば前も実に気遣いが行き届き本格的な味に仕上げられている。そば良し、つゆ良し、料理良しの三拍子揃った店と言える。

「種もの」

そば屋で「種物」といえば、そばの上にとりどりの具材をあしらったもののことである。江戸の頃からそば屋の品書きにあったものとしては「あんかけ」「しっぽく」「霰《あられ》」「天ぷら」「花巻」「玉子とじ」「鴨南蛮」「おかめ」などが挙げられ、関西では「にしんそば」が明治一五年に京都のそば屋「松葉」の二代目が発案したと伝えられている。近年になると「カレー南蛮」「親子南蛮」「月見」「きつね」「たぬき」などが定番として加わり、季節物として「牡蠣そば」「若竹そば」「蛤そば」「松茸そば」「ぶっかけそば」など、様々な種物が工夫を凝らされて登場するようになる。そば職人にとって「もり」や「ざる」がそばの基本であり、素のそばを打つことこそが真髄であるのは揺るぎのないことであるが、一方では、料理人として「種物」に目を向け、味と季節を表現しようと挑戦することもまた自然な流れと言える。そば食いの立場からしても、様々な食材により季節感や味のバリエーションが広がり、そばの魅力が大きく膨らむこととなり大歓迎である。また、そばに興味のない人にとっても暖簾をくぐるきっかけとなり、そばの普及とファンの拡大にもつながると考えられる。職人の「種物」に対する知識や技術は「そば前」の創作にもつながり、そば屋の楽しみ方により一層の広がりを持たせることになる。世間にそば屋発の気の利いた酒の肴が多いのも、こんなところに由来しているのかもしれない。また、そば屋で粋に酒を飲もうとする時に「ぬき」という品書きにないものを注文することがある。これは「天せいろ」「天ぷらそば」や「鴨せいろ」などの種にあたる天ぷらや鴨を酒の肴として先に出してもらい、最後の締めにそばをいただくというもので、短時間で事を済ませるのを粋とする江戸っ子気質が生んだ慣わしのようなものである。

江戸蕎麦手打處　あさだ（東京都台東区浅草橋）

江戸安政元年創業の江戸前そばの老舗。江戸時代には、そば屋は酒と肴を手軽に味わえる料理屋として利用されていた。江戸の風流人達はそばを待つ間を「そば前」と呼び、まず酒と肴を楽しんでから締めにそばを手繰る。これが江戸っ子の「粋」のひとつとされていたようである。江戸の文化を継承する店を看板としているのが「あさだ」であり、「そば」と「そば前」を充実させ、加えて「種物」も豊富に揃えている。基本の「せいろ」は、国内各地から仕入れたヌキ実を石臼自家製粉し、独自の碾きかたとブレンドした粉で十割そばを打っている。江戸そばは二八が相場とされてきたが、時代の要請と独自に目指す味の実現のため「あさだ」ではあえて十割を打つようである。人によっては両論あろうが、そば食いにとっては歓迎するところである。つゆは鰹の焼き節から引いた出汁をつかい、江戸そばらしい「辛つゆ」と「甘つゆ」を使い分けている。さて「種物」だが、「天ぷら」「鴨」「とろろ」など定番はしっかりと揃えながら、他に季節限定物が登場する。新春「あられ」、春「若竹」、夏「納豆」、秋「松茸」、冬「牡蠣」といった具合である。老舗の醍醐味を存分に味わえる名店である。

「そばがき」

文献によれば日本では縄文時代からソバの実が食べられていたようである。石臼の普及により粉の食文化が始まったとされる鎌倉時代になって「そばがき」のかたちが現れたとみられている。その後江戸時代中期頃になって「そば切り」が庶民生活に普及すると「そばがき」は主流から外れ、地方の郷土料理やそば屋の裏メニューとして残されることとなった。「そばがき」の作り方には二種ある。椀を使い、蕎麦粉十割に熱湯を注ぎ、粘りが出、香りが立つまでひたすらかき混ぜる「椀がき」と、片手鍋を使い、蕎麦粉十割に水を注ぎ、強火にかけてこちらも同じくひたすらかき混ぜる「鍋がき」である。いずれもかき混ぜる箸や棒は太めで握りやすいものが良く、その方が空気を混ぜ込み易く舌触りのよい「そばがき」ができる。出来上がりのフワッと柔らかいのが「鍋がき」の方で、熱を通す時間が少ない分香りや歯ざわりなど蕎麦粉の個性が出るのが「椀がき」である。味はそれぞれ甲乙つけがたく、どちらもそばつゆや生醤油をつけ、薬味に刻みねぎや山葵をつけて食べるのが一般的である。一方、地方の郷土料理として名称や形を変えて残っているものもある。後述する「須賀川はやそば」や長野県松本市周辺の「そばがき汁粉」、福島県檜枝岐地方の「はっとう」、岩手県北部の「柳ばっと」などがそれである。

六、薬味

そばに付き物は「薬味」である。まず「薬味」の役割は何なのかをはっきりさせておかなければならない。ここでそれぞれの品質の良し悪しについて語っても、新鮮で安全・安心なことが食品の基本条件である以上あまり意味がない。役割の第一は、そばの味を引き立ててより旨くすること。第二は、そばとつゆの味が単調にならないようメリハリをつけること。第三は、体に良いものを合わせ医食同源を実現すること。以上のような三つの役割に集約できると思う。それではここで「薬味」について調べてみることにする。「刻みねぎ」「山葵」「大根おろし」が一般的にはトップスリーであるが、これらもけっこう奥が深い。

まず「刻みねぎ」だが、ねぎにはアリシンという成分が多く、蕎麦に含まれるビタミンＢ１の効果をいちじるしく高める効果がある。加えて独特の香りと辛味はそばとの相性が良く食欲をそそる。したがって、「薬味」としてはねぎ本来の性質をそのまま生かすような刻み方が良い。白髪ねぎなどのようにわざわざ手を掛け水で晒して滑りや匂いを取ったものは、見た目には美しいがそばの「薬味」の役割からすると不完全である。ねぎの種類については特段の支持を集めているようなものは聞き及んでいないが、一般的な白ねぎが合うように思う。勿論、京都の九条ねぎや松本一本ねぎなどのブランドねぎがよろしいことは言うまでもない。季節や産地によって違いはあるものの、そばの「薬味」としての条件は新鮮さと柔らかさにあるようだ。

次に「山葵」だが、これには賛否両論がある。そばの醍醐味の一番は「香り」とするそば食いは多い。その香りと山葵の鮮烈な香りが喧嘩してしまうので、薬味に山葵は使わないという人もいる。一方、そばと辛味の相性は抜群に良く、辛味大根の絞り汁が好まれる所以でもあり、山葵の爽やかな辛味はそばに合うという人もいる。私はというとそばのタイプにより使い分けている。新そばや粗挽きそばなど香りを重視するそばには基本的に使わないし、喉ごしやコシを特徴にしたり、腹一杯食べても飽きない普段着風のそばには好んで使う。それでは山葵のすりおろし方について少々触れておくが、日本料理の基本では、春は葉の方、冬は根の方からすりおろすのが正しいとされ、そうすることにより、香り、辛味ともに生きると言われている。また、山葵をつゆに入れるのは御法度であり、そばに直接つけるか箸を使うかして舌に直接当たるようにして使わなくてはいけない。山葵につゆの醤油がつくと、その辛さと香りが消されてしまうからである。何故かというと、人の味覚は塩味を一番に感じるようにできているため、醤油と混ざると他の辛味、甘味、苦味、風味などの味覚は後からしか感じられなくなるからである。

次に「大根おろし」だが、大根にはジアスターゼという消化を助ける成分が多く含まれ、そばの食欲をそそる効果がある。また「大根役者」という言葉があるが「当たったためしがない」という意味の語呂合わせから生まれたそうである。このことから、大根には食当たりの予防効果もあるということが、昔から言われていたことがわかる。また、「大根おろし」の爽やかな食味と辛味が「薬味」としてそばの旨みを十分に引き出す役割を演じている。一般的には辛味の強いものの方が好まれる。そば切りが食べられるようになった初期の時代には、大根の絞り汁をつけて食べるのが普通であった。古くからそばと大根の相性の良さは知られており、その名残もあってか現在になっても「薬味」として抜群の人気がある。また、「薬味」にとどまらず、辛味大根の絞り汁でたべる「高遠そば」や「おしぼりそば」が地方の名物として現存していることも、大根との相性の良さを物語っている。

また、大根ではないが、そばの薬味として究極の評価を得ている蕪がある。「暮坪かぶ」と呼ばれ、岩手県遠野市の暮坪地区のみで栽培される希少品種である。夏から秋にかけてが季節だが、一シーズン三万本ほどしか収穫されないため、地元以外の一般市場に出回ることはまずない。独特な香りと、爽やかで強い辛味を持ち、すりおろしてそばの薬味とする。辛味大根と比べ、シャリシャリ感がなく、舌ざわりが滑らかで柔らかい。また、苦味が後に残らないのが特徴で、そばの旨味を引き立てる薬味としては最高と言える。

他に、七味唐辛子、和がらし、かんずり、あさつき、生姜のしぼり汁、くるみ、ごま、焼き味噌、しその実、みょうが、青のりなど、それこそたくさんのものが使われている。「薬味」の役割を考えると、地域色や志向により様々な物が登場し、そばの個性を引き出そうとすることは至極当然のことであり、「そば食い」の立場からしても、ありがたく、興味の一つになっている。

七、各地の名物そば

「音威子府そば」

北海道音威子府《おといねっぷ》村はソバ栽培の北限の地とされている。人口約七八〇人の北海道で最も小さな村であり、旭川と稚内を結ぶＪＲ宗谷本線に音威子府駅がある。山林が村の約八割を占める自然豊かな村で、夏と冬の寒暖の差が非常に大きく、夏場は三〇度、冬場にはマイナス三〇度を下回ることもある地域である。北海道有数の豪雪地帯として知られ、積雪量は一七〇センチをはるかに上回ることもしばしば。そんな過酷な環境の土地で三世代にわたり作り続けられているソバ、それが「音威子府そば」である。「音威子府そば」は、地元産の玄蕎麦を甘皮までまるごと碾き込んだ挽きぐるみ粉を使い打ったそばで、他に類を見ないほど真っ黒な色をしているのが特徴である。音威子府村の中には、数軒のそば屋とそば製造業者があるが、すべてこの真っ黒な色をした「音威子府そば」が提供されている。

「わんこそば」

「戸隠そば」「出雲そば」と並ぶ「日本三大そば」の一つ。「わんこ」とは、岩手県の方言で「お椀」を意味している。そばそのものが名物というよりも、周知のとおり、その食べさせ方と何杯食べたかの競い合い、そして闘争本能をくすぐるようなリズミカルなかけ声が名物の所以である。「はい、どうぞ」「はい、じゃんじゃん」「はい、どんどん」「はい、よいしょー」「はい、もひとつ」といった調子で、スポーツ的感覚でリードされるのが楽しい。平均一〇〇杯を目標に挑戦する客が多いようであるが、結果は四、五〇杯といったところのようである。盛岡市では、「全国わんこそば選手権」が毎年開催され、一五分間での食べた杯数が競われている。歴代チャンピオンが認定され、過去十位までの成績が記録される仕組みとなっている。二〇二〇年時点での第一位は、一九九六年中嶋広文氏の五五九杯となっている。

東家本店（岩手県盛岡市）

明治四〇年創業の老舗そば割烹で、「わんこそば」の代表格の店である。南部そば会席や郷土料理など盛りだくさんのメニューが用意されている。二階が「わんこそば」の会場となっており、値段により、食べた枚数を重ねたお椀で数える正統派型と、マッチ棒で数えお椀は重ねない簡易型が選べるようになっている。そばそのものは「わんこそば」仕様で、かなり柔らかく、香り、喉ごし、つゆがどうのと評するタイプではない。この店に行った時には、是非正統派スタイルの「わんこそば」に挑戦してもらいたい。

「山形県そば街道」

南北を貫流する最上川が作る肥沃な大地と澄んだ水、山野の豊かな産物によって、地域の伝統をいかしたユニークなそばが味わえる。古くから伝わる木箱に盛った「板そば」、地の山菜ときのこを鍋で仕立て冷たいそばに煮かけて食べる「月山山菜そば」、鶏肉やねぎをのせた河北町発祥の「肉そば」、イカゲソの天ぷらが付いた「ゲソ天そば」など、その種類も多種多様である。また、そば屋の連なる「そば街道」が全国の先駆けとして誕生したのがこの地域である。「最上川三難所そば街道」「おくのほそ道尾花沢そば街道」「大石田そば街道」などがあり、山形のそばを心行くまで堪能できる。山形県産のソバの品種としては、在来種の「最上早生」と改良種の「でわかおり」が栽培推奨されている。

「最上川三難所そば街道」

「最上川三難所」とは、俳人松尾芭蕉が「奥の細道」の中で『碁点、隼、三ヶ瀬という、おそろしき難所あり』と記しているが、最上川の流れの速い絶景の続く場所を指している。その三難所辺り一五キロメートルの間に十四軒のそば屋が点在している。ここが「そば街道」発祥の地として、「最上川三難所そば街道」と名付けられ、現在ではそば食いにとっての垂涎の地となっている。ここ村山地方の気候は、昼夜の寒暖の差が激しく、ソバの実に旨みの元となる澱粉を多く生み出すことで、そば栽培の適地と言われている。木製の箱にそばを盛った「板そば」が特徴で、歯ごたえのある風味豊かなそばを堪能できる。

手打おんどり（山形県村山市）

「最上川三難所そば街道」の二番店。霊峰葉山の麓で自家栽培した玄蕎麦を石臼挽き自家製粉し、近くの「葉山のブナ清水」という湧水を使って打ち上げている。そばはやや白っぽく喉ごしの良い細打ちと、黒っぽく香り豊かな太打ちの田舎そばの二種類あり、共に「板そば」で出される。つゆはキリッとした辛口でそばとのバランスも良い。建物内に温泉があり、予約すれば、そばとのセットプラン（個室休憩＋温泉＋山菜料理＋そば）も可能とのこと。

「山形県おくのほそ道尾花沢そば街道」

尾花沢市内にある十三軒のそば店若手有志が集まって組合が作られている。結成するにあたって、栽培農家、そば店、消費者からなる「ゆう遊三味会」を組織し、栽培からそば打ちまでの研修を実施し、技術の向上に努めているそうだ。また、ソバの栽培農家と連携し、徳良湖周辺にそば畑一〇ヘクタールを設け、生産と味の追求はもとより、イベントを企画するなど、そばによる「まちおこし」も進めている。

手打ちそば　たか橋（山形県尾花沢市）

「山形県おくのほそ道尾花沢そば街道」の一番所。地ソバ（最上早生）の玄蕎麦を毎日石臼挽き自家製粉している。篩い分けられた蕎麦殻は、枕用に客が無料で持って帰れるようにしてあり、資源再利用にも協力している。蕎麦粉は玄蕎麦の挽きぐるみで、風合いは色の黒っぽい田舎そばなのだが、思ったほど香りが強いわけではなく、むしろ繊細なそばに仕上がっている。また、十月末から四月頃の期間にはつゆに辛み大根のしぼり汁が付いてくるので、好みの量を加えながら味わうことで複数のバリエーションが楽しめる。

「大石田そば街道」

現在十四店の手打ちそば屋が加盟している。腕自慢のそば屋が力を合わせて「そばの里」づくりに取り組んでいる。大石田はソバの産地として知られ、生産量は県内でもトップクラス。夏と冬、昼と夜の寒暖の差が豊かな風味のソバを育んでいる。およそ一三〇年前に伝来し土着した在来種の「来迎寺在来」を使った、程良いコシと滑らかな喉ごしが特徴の田舎そばである。「挽きたて」「打ちたて」「茹でたて」の「三たて」を基本にそばが提供されている。また、月山の冷たい水を利用し、春の訪れを告げる「寒ざらしそば」も地域の特産として知られている。大石田では、カノ焼き（焼畑）は男の仕事、そばを打つのが女の仕事とされてきた。どこの家にもそば打ち道具があり、人が集まれば、女性たちはせっせとそばを打ち振る舞ってきた。母から子へ、また嫁へと受け継がれるそば打ちの技は、家庭の味としてそれぞれの家に定着していった。「どこそこの家のそばは旨い」と評判になり、いつしか農家の軒に暖簾を掲げたのがこの辺りのそば屋の始まりらしい。そして伝統は引き継がれ、現在でも大石田のそば屋の主役は女性である。

七兵衛そば（山形県北村山郡大石田町次年子）

大繁盛店で、今までの一日最大の来客数は五〇〇人にものぼる。雪深い里だが冬場でも客足が絶えない。客はただ一つのメニューを求めてこの店にやってくる。ここのメニューは「食べ放題のもりそば」のみである。コシのあるそばが丼ぶり一杯に盛ら

郵便はがき

料金受取人払郵便

新宿局承認

3971

差出有効期間
2022年7月
31日まで
(切手不要)

1 6 0-8 7 9 1

1 4 1

東京都新宿区新宿1－10－1

(株)文芸社

愛読者カード係 行

ふりがな お名前		明治 大正 昭和 平成 年生 歳	
ふりがな ご住所	□□□-□□□□		性別 男・女
お電話 番号	(書籍ご注文の際に必要です)	ご職業	
E-mail			
ご購読雑誌(複数可)		ご購読新聞 新聞	

最近読んでおもしろかった本や今後、とりあげてほしいテーマをお教えください。

ご自分の研究成果や経験、お考え等を出版してみたいというお気持ちはありますか。

ある　ない　内容・テーマ(　　　　)

現在完成した作品をお持ちですか。

ある　ない　ジャンル・原稿量(　　　　)

書　名				
お買上 書　店	都道 府県	市区 郡	書店名	書店
			ご購入日	年　　月　　日

本書をどこでお知りになりましたか?

1.書店店頭　2.知人にすすめられて　3.インターネット(サイト名　　　　)

4.DMハガキ　5.広告、記事を見て(新聞、雑誌名　　　　)

上の質問に関連して、ご購入の決め手となったのは?

1.タイトル　2.著者　3.内容　4.カバーデザイン　5.帯

その他ご自由にお書きください。

(　　　　)

本書についてのご意見、ご感想をお聞かせください。

①内容について

②カバー、タイトル、帯について

弊社Webサイトからもご意見、ご感想をお寄せいただけます。

ご協力ありがとうございました。

※お寄せいただいたご意見、ご感想は新聞広告等で匿名にて使わせていただくことがあります。

※お客様の個人情報は、小社からの連絡のみに使用します。社外に提供することは一切ありません。

■書籍のご注文は、お近くの書店または、ブックサービス(0120-29-9625)、セブンネットショッピング(http://7net.omni7.jp/)にお申し込み下さい。

れ、辛味大根のしぼり汁にそばつゆを加えて食べるのだが、これがたまらなく旨い。また地元でとれた、なす・かぶ・わらびの一本漬け・山菜などが三皿つく。客はこの「おかず」をつまみながら何杯でもそばをお代わりすることができる（過去最高は一二杯、男性の平均は三杯）。七兵衛そばには、山里の生活から生まれた伝統の味が生きている（『そば王国山形』より）。

「新庄・もがみそば街道」

山形県の北東部に広がる「新庄・もがみ」地域。最上川が豊かな水を湛え、古くから舟運の発達により、日本海側と太平洋側を結ぶ交通の要衝として賑わっていた。松尾芭蕉が舟で最上川を下ったのもここからで、いにしえより多くの人が行き交った場所でもある。そんな地域のもてなしのひとつがそばで、在来種の「最上早生」を使い、「挽きたて」「打ちたて」「茹でたて」の「三たて」を基本に打たれ、香りも味も歯ごたえも絶品と評判である。

「天保そば」

平成一〇年、福島県大熊町の横川一郎さん方の古民家を解体した時に、屋根裏で六つの俵の中からソバの実が発見された。俵は三重で俵と俵の間には木灰が詰められ大切に保管されていた。横川家の人は、助治郎さんがソバの実を隠した話を親から子へと言い伝えてきたという。助治郎さんの生きた時代は、江戸時代の天保年間であり、日本の三大飢饉の一つである天保の大飢饉に襲われ多くの人々が餓死した時代である。運良く生きのびた助治郎さんは、再び起こるかもしれない飢饉に備え、子孫のために救荒作物として緊急時に栽培するようソバの実を天井裏に隠したのだろう。ソバは七五日で収穫でき、年に二回栽培することも可能だったからである。今から一六〇年前のことである。

その後大学の研究室や農業試験場などがそのソバの実の発芽に挑戦するものの、ことごとく失敗しその可能性はないと判断した。そこで依頼を受けた山形県の鈴木製粉所の先代の社長、鈴木彦市さんは、まったく別の方法で栽培しようと考え地元のそば屋の主人や関係者を集め、昔から農家に伝わる言い伝えである「ソバを播くときは、水はいらない」など様々な条件を守り、かつ、永く俵の中で眠っていた状態を考え、ストレスを与えないように夜間に播種したところ、奇跡的にソバは発芽し、一六〇年の眠りから目覚めたのである。これが「天保そば」の始まりである。その後「天保そば保存会」を組織し、そのメンバーが他種と交配しないよう近くにソバ畑のない山形市飛島で栽培を続けていった。地元でも「奇跡のそば」と評価され、地域ぐるみの協力を得ているのだという。ソバは主にミツバチなどが媒介して受粉するため、周辺に他種のソバ畑があると簡単に交配してしまう。したがって、飛島全体に他種のソバ栽培は行わないようお願いするかわりに、収穫期に地域住民全体御招待の感謝のそば祭りを行っているという。その後栽培を繰り返し徐々に収穫量を増やし、現在では関係者の店に限り季節商品として提供できるところまで辿り着くことができた。現在全国のソバの品種のほとんどは、収穫量を増やすために品種改良されたものである。原種は「在来種」と呼ばれ、実付きが少なく小粒で収穫量も少ないが、地域によっては栽培しているところもある。香りが強く味も濃い蕎麦の特徴を色濃く持ったものが多く、そば食いには垂涎の的となっている。「天保そば」はただの「在来種」ではなく正真正銘の原種そのものであり、一六〇年前にタイムスリップしたソバである。そば食いの私としても、すぐに山形県まで出向き「天保そば」を味わってみたいとの思いはつのるばかりでいるが、いまだそのチャンスに巡り会えていない。

庄司屋（山形県山形市）

江戸慶応年間、山形城のお堀端にそば茶屋として創業。以来山形では一番の老舗そば屋として現在五代目当主が先祖伝来の「手打ちそば」を守り続けている。特につゆにこだわり、鰹節から醤油、みりん、つゆ作りの工程に至るまで江戸そばの辛汁のスタイルを継承しつつ、山形県産「出羽かおり」を中心とした純国産そばに合わせた味を実現している。「もりそば」と「さらしな」を盛った「板そば」を基本に、品数豊富でそば前も十分に楽しむことができる。「天保そば保存会」のメンバーで、「奇跡のそば」と言われる「天保そば」が五月末頃から季節限定で提供されている。

「会津山都そば」

福島県喜多方市の旧山都町は、そば食いの間で「山都のそばの名を知らぬ者はいない」と言われるほどそばで有名な地域である。一番粉を使用した十割そばで、コシがあり透き通るような風合いを持ったそばが味わえる。標高が高くて昼夜の寒暖の差が大きいこと、朝霧のたつ耕地でソバが栽培されていること、加えて飯豊連峰の伏流水が豊富で旨い水であること、これらの条件が揃っていることが、山都のそばが美味しい理由である。その山都のそばの中でも水につけて食べる「水そば」で有名なのが宮古集落である。かつて作家の村松友視さんがここ宮古を訪れ、元祖宮古そば処「なかじま」の湧き水を「夢見乃水」と名づけ、これを題材として『夢見そば』という小説を書いたが、それによってか、そば通の人々が大勢訪れるようになった。宮古集落は現在全戸数三〇戸のうち一三戸が、農家の客間座敷を解放した農家食堂としてそば屋を営み、そばの打ち方、つゆ、一品メニューに至るまで、それぞれの店が独自の製法で提供している。なお、料金は宮古地区の組合で決められ統一されている。かつてはほとんどの店が完全予約制だったが、最近は当日飛び込みでも食べられるようになった。

いしいのそば（福島県喜多方市山都町宮古）

地蕎麦の一番粉を使った十割そばで、コシのある喉ごしの良い中太に打たれた独特なそばを打つ。注文を受けてからおばあちゃんが打ち始め、正真正銘の「三たて」で出される。コースで頼むと、「水そば」「塩そば」「もりそば＋つゆ」の順で出され、店主の説明がつく。「水そば」は、宮古集落の蓬莱山之霊水「夢見乃水」にそばを泳がせながら食べる。水そばは純粋にそば本来の味を楽しむことができ、一切のごまかしが利かない山都そばならではの食べ方である。「塩そば」の由来について聞いてみたところ、山都町宮古集落では大昔に、漬物の漬け汁を捨てるのがもったいないと言って、そばをつけて食べる風習があったそうだ。それから始まり、塩そのものでそばを食べたところ、つゆにつけるよりもそば本来の甘みが引き立ち、風味も豊かに味わえることがわかった。以来宮古では「塩そば」が日常の食べ方となったそうだ。しまいに出される「もりそば＋つゆ」は、普通に自由に食べて良いのだが、店主によると生醤油を少しかけて食べるのも地元流で旨いという。

「会津そば」

良いソバが育つには、昼と夜の温度差が大きいこと、空気の澄んだ山間部であること、日照時間がほどほどであることが大事といわれている。周囲を山に囲まれた会津はこれらの条件にぴったりで、古くからソバが栽培されてきた。日本ではほとんどの地域で米の代用食としてそばが食べられてきたが、会津では少々事情が異なっていたようである。江戸時代に松平二十三万石と称された会津は有力な穀倉地帯であったために、そばは単なる代用食ではなく「楽しむもの」あるいは「ごちそう」と考えられてきたようである。現在でも、会津ではハレの日の振舞料理にそばは欠かせないものとされているし、出来立てのそばが「東西東西～！」のかけ声で始まる「そば口上」に乗って登場する催しなどもある。ソバの品種としては、現在、会津在来種を改良し香りと弾力を特徴とした「会津のかおり」が開発され、平成二十一年から栽培が始められ急速に普及が進んでいる。

「大内宿　高遠そば」

会津のそばの歴史は、二代将軍徳川秀忠の四男、保科正之が信濃国高遠藩から会津藩に転封された際に、連れていったそば打ち職人が伝播したことにより始まったとされている。また、正之自身が稀代の蕎麦好きで、関係した各地にそば打ちを広めたようである。ここ会津では、正之が初めて藩主となった高遠藩に因み「高遠そば」と呼ばれるようになり、今日では会津が「高遠そば」の元祖とされている。勿論、長野県高遠町もそばが名物であり、同じく「高遠そば」と称している。特徴は、辛味大根の絞り汁に好みでそばつゆを加え、そこに会津産の十割そばをつけて食べるというもの。しかし近年大内宿では、曲がった一本ねぎを箸の代わりに使ってそばをすすり、薬味としてもねぎをかじる食べ方をもって「高遠そば」「ねぎそば」「ねぎ一本蕎麦」「祝言そば」などと呼ぶ店が現れ、訪れる観光客の話題となっている。江戸時代の町並みを今に残す大内宿。三〇軒以上の茅葺屋根の民家の並ぶ全国有数の観光地であり、年間を通して一〇〇万人を超える観光客が訪れ賑わっている。数ある土産や物産の中でも特別そばの存在感が大きく、実際の売上も最大と思われる。そばの求心力と他の観光資源とが相まって相乗効果をもたらした素晴らしい事例といえるだろう。

三澤屋（福島県南会津郡下郷町大内）

ねぎを箸代わりにする食べ方を最初に考案した店らしい。ここでは「高遠そば」と呼び、十割細打ちのそばに大根おろしと削り節をのせ、そこに大根の絞り汁とそばつゆをかけ、ぶっかけそばのスタイルで食べる。当然曲がりねぎを箸代わりにして掬うか掻き込むわけだが、思いの外上手くいかないので、お願いして箸をもらった方が賢明である。他に「水そば」もあるので、本来のそばを味わいたいのであればこちらをお勧めする。地元産玄蕎麦を丸抜きの挽きぐるみにし、香り、歯ざわり、喉ごし共に楽しませてくれる。郷土料理も揃っていて、大内宿を代表する店の一つである。

「裁ちそば」

福島県檜枝岐村の郷土料理で「山人料理《やもうど》」と呼ばれている。「裁ちそば」はその一つとして代々受け継がれ、今では檜枝岐の名物としてすっかり定着している。地元産の蕎麦粉を使い、「湯ごね」の十割そばを薄く延し、数枚を重ね、手を定規のようにして押さえ、引きながら切る。その姿がまるで布を裁つように見えることから名付けられたようである。檜枝岐は深山幽谷の名が相応しい山奥にあり、平家の落人伝説の残る村である。豪雪地帯で稲作が不適な土地柄のため、そばを主食として生活していた歴史がある。今でも「花嫁は裁ちそばが打てないと一人前ではない」と言われている。そば打ちは女性にとって嫁入り道具の一つとされ、「裁ちそば」の技法は母から娘、嫁へと伝承され今日に至っている。

まる家（福島県檜枝岐村）

裁ちそば本家六代目を名乗る店。地元の契約農家で栽培された玄蕎麦の丸抜きを挽きぐるみにして使っている。「裁ちそば」は、細めの平打ちでコシのある風味豊かな仕上がりになっている。水との相性が良いのか、あっさりとクセがなく喉ごしが実に爽やかである。つゆは会津風にやや甘めだが、出汁の効いた旨味があり、「裁ちそば」をどっぷりとつけていただくのに丁度良い。他に、蕎麦粉を餅米と熱湯で練って餅にしエゴマをかけた「はっとう」もある。「裁ちそば」や「はっとう」には、季節によって山菜やきのこなどの小鉢が一品付くので、周辺の美しい自然を満喫するとともに奥会津の味を存分に楽しんでもらいたい。

「常陸秋そば」

茨城県は蕎麦の収穫量全国第六位であり、栽培されるそのほとんどが「常陸秋そば」である。「常陸秋そば」は品質の高さで知られ、一つ一つの粒がそろい、香りの高さと甘味に優れているのが特徴で、全国のそば職人やそば通から高い評価と支持を得ている。特に常陸太田市は江戸時代からそば作りが盛んに行われ、水戸光圀公も自らそばを打って食したと伝えられている。また、久慈郡水府町は昔から煙草の栽培が盛んであり、煙草の後作にはソバが良いとされることからその栽培も追随するようになった。煙草の栽培がほとんどなくなった現在でも、ソバの栽培は引き続き盛んに行われ、ソバの専業農家まで出現するようになった。また、「金砂郷そば街道」「水府そば街道」「里美そば街道」の三つのそば街道があり、それぞれ特徴を持って競い合っている。特に金砂郷の赤土地区は「常陸秋そば」の原種となった在来種の原産地であり、現在は契約栽培の圃場も多く、丁寧に栽培された玄蕎麦が全国に出荷されている。また、茨城県北部では、『つけけんちん』と呼ばれる独特のそばがあり、郷土食として深く浸透している。

慈久庵（茨城県常陸太田市）

二〇〇〇年に東京杉並から旧水府村に移転して以来、店主の小川宣夫氏自らが、栽培、製粉、そば打ちと「蕎麦」の全作業に取り組んでいる。「常陸秋そば」を、焼畑農法により自家栽培し、手刈り天日干しした玄蕎麦の丸抜きを石臼自家製粉して打っている。「せいろそば」は細打ちに仕上げられ、ほんのりと緑がかり透き通るようなそばの中には、たくさんのホシが混じっている。つゆは鰹出汁にやや甘めの返しを合わせてあり、「常陸秋そば」の上品な香りに加え、しっとりとしたコシを感じる打ち加減との相性が素晴らしい。「そばがき」と「手作りこんにゃく」の刺身も美味しく人気がある。

「日光今市そば」

日光市、特に旧今市は有数のソバの生産地であり、日光山麓からの美味しい水があることで、昔からたくさんのそば店が集まっている。人口当たりのそば店数は日本一を誇り、一〇〇店以上の手打ちそば屋により「日光手打ちそばの会」が組織されている。栽培方法や打ち方などの研究開発を積極的に進め、季節ごとに日光らしい特徴あるそばを発信している。

十一、十二月は「日光あおい蕎麦」。「日光手打ちそばの会」は、日光市の圃場で栽培された「日光在来種」の秋ソバを早刈りし、黒化率七〇～八〇パーセント、水分一五・五パーセント前後の新そばを「日光あおい蕎麦」と認定している。薄緑色で香り高く喉ごしの良さが特徴となっている。名前の由来は、早刈りの「青さ」と徳川家の「葵」の御紋からである。

小代行川庵（栃木県日光市小代）

栃木県の村興し事業の指定を受け、地元のそば組合の会員の手により、栽培から経営まですべてを行っている。財界人だった加藤武男氏の別荘を改築して店にしており、庭の緑が素晴らしく、建物には歴史的な趣があり、ゆっくりとそばを楽しむことができる。名物は「もりそば」だが、特に秋の新そば「日光あおい蕎麦」は出色で、小代産の玄蕎麦を自家製粉し「小代打ちつけそば」といわれる独特な技法を使い、二八の中太に打たれている。辛目のつゆとのバランスも良く、小代らしいと言う表現がぴったりの味わい豊かなそばである。二、三月は「氷温完熟そば」。日光産玄蕎麦を二度の氷温域で貯蔵したもの。玄蕎麦が、凍るまいとする生体防御反応を起こしアミノ酸を増加させ旨味を増す。地域によっては「寒晒しそば」と呼ばれ、同じ原理で旨味を引き出しているものもある。

三たてそば長畑庵（栃木県日光市長畑）

美味しいそばの基本「挽きたて」「打ちたて」「茹でたて」の三たてをしっかりと守り、程良い硬さと喉ごしで地そばの良さを存分に引き出している。地元の長畑加工組合の営業で、村興しを目的としているため、組合員自らがそばを打ち、つゆを作り、店の切り盛りまでしている。メニューは「もりそば」と「かけそば」のみの簡単なものだが、「もりそば」は二合から一升まで好みで注文することができる。人気店で、休日ともなると行列の絶えることがない。七、八月は「日光夏そば」。毎年七月第一週に日光だいや川公園において開催される「日光夏の新そば祭り」にて振る舞われるそば。四月中旬に種蒔きし、六月下旬に収穫する。早蒔き早刈りにより、豊かな香りと緑がかった色のそばとなり、通常の秋そばに比べ清涼感のあるそばである。七月上旬八月中旬まで「日光手打ちそばの会」各店で提供され、日光の夏の風物詩となっている。

「出流山満願寺そば」

出流山満願寺《いづるさんまんがんじ》は坂東第十七番札所《ふだしょ》とされ、昔から巡礼の寺として知られた名刹である。ここでは、昔から秋に収穫した新蕎麦を、一月の大寒の日を目処に三日間ほど冷たい清流に晒してアクを抜き、雑味が取れてほのかな甘みと香り豊かでまろやかな味わいを持つ「寒晒しそば」が作られている。そして毎年大寒の日になると「寒晒しそば祭り」が開催される。地元のそば職人が満願寺奥の院「大悲の滝」で身を清めた後、本堂前でそばを打ち奉納する。門前町には数件のそば屋があるが、四十数年前巡礼者にそばを振る舞ったのが始まりで、「五合盛」「一升盛」といった大量のそばを盆ざるに盛って提供する店が多いことで有名である。

いづるや（栃木県栃木市出流町）

地元で契約栽培された玄蕎麦を全粒挽きぐるみに自家製粉している。基本を忠実に守り「挽きたて」「打ちたて」「茹でたて」の三たてを信条としている。蕎麦粉八割に小麦粉二割でまとめた二升玉に卵を二個入れてつなぐ「二八の金つなぎ」と呼ばれる技法で打ち上げられる。こうして打ったそばは、すぐに松の薪を焚べて高温になったかまどの大釜に入れられ、さっと短時間で茹で上げられる。出流山お決まりの「五合盛」と「一升盛」で盆ざるに盛られ、「さあたくさんお食べなさい！」と言わんばかりの雰囲気で出される。見た目は黒っぽく、細打ちの香り高い田舎風だが、味にまろみとコシがあり、喉ごしもなめらかな「いづるや」ならではのそばである。他に、地そばの味を楽しんでもらおうと、希望により『水そば』も用意している。「いづる名水」といわれる満願寺の滝から流れ出る湧水を汲んで使っている。ほのかな甘みと豊かな香りを味わえる。

「深大寺そば」

江戸時代、深大寺周辺の土地が米の生産に向かないため、小作人はソバをつくり米の代わりに蕎麦粉を寺に納め、寺ではそばを打って来客をもてなしたのが深大寺そばの始まりと伝えられている（調布市郷土博物館）。また、深大寺の総本山である上野寛永寺の門主が、深大寺そばを大変気に入り、そのおいしさを全国に言い広めたため有名になったとされている。上野寛永寺は、信州戸隠にも江戸前の二八そばを伝播した歴史があり、当時江戸そばの普及に深く関与していたようである。現在、深大寺参道界隈には三〇軒を超えるほどたくさんのそば屋が集まり、名物「深大寺そば」を求める人の絶えることはない。

湧水（東京都調布市深大寺）

「湧水《ゆうすい》」は、連日大行列ができるほど人気のそば屋で、深大寺の中でも一、二位を争うほどである。こちらの蕎麦粉は、すべて国産石臼挽きを使用しており、コシがあり喉ごしの良い二八の細打ちに仕上げられている。江戸前の辛つゆに良く合い、深大寺そばが江戸そばの系譜をひいているというのもなるほどうなずける。この店一番のおすすめは「湧水そば」で、時期により産地の違う蕎麦粉を使う。茨城県産「常陸秋そば」、北海道産粗挽き蕎麦粉、夏の新そばでは福島県産粗挽き蕎麦粉をそれぞれ使い分ける。人気メニューで売り切れ次第終了となるので、お目当ての方は早目に並ばないといけない。

「高尾山とろろそば」

高尾山は昔から多くの参拝者が訪れる信仰の深い山だった。高尾山・薬王院に参拝にくる参拝者の疲れをとってあげようと、自生していた「自然薯」をすって消化吸収のよいそばにのせて食べさせたところ、思いの外反響があり、若返りと滋養強壮に効果があるという評判が広まった。その後、栄養満点なそばを振る舞おうという店が集まり、「とろろそば」が高尾山の名物として定着した。現在では、店によってそのスタイルは様々だが、それぞれが工夫を凝らしバラエティに富んだ「とろろそば」を楽しませてくれる。

高尾山　髙橋屋（東京都八王子市高尾町）

創業天保年間（一八三〇〜四三）の老舗。店内に樹齢一五〇年余の柿の木が生えているのが象徴的な店である。高尾山に数あるそば屋の中の最古参で、年間を通して客足の途絶えることのない繁盛店である。そばは信州産の蕎麦粉六割を山芋と小麦粉四割でつないだもので、名物「とろろそば」はシンプルなかけそばにとろろと薬味のねぎが添えられて出される。かけそばの甘汁は鰹でとった出汁で程良い塩梅に仕上げられ、「とろろ」と「そば」と三位一体の調和が抜群で旨い。髙橋家のとろろは、大和芋と長芋を半分ずつ混ぜ合わせたもので、独特の「ねばり」と「とろみ」がある。そばは手打ちではないということだが「名物にもうまいものあり」と言いたい。

「小千谷へぎそば」

小千谷のそばにはつなぎに布海苔《ふのり》が使われる。布海苔は古くから小千谷縮を織る糸の糊付けに使用されてきたもので、小麦が手に入りづらい時代に、身近にあった布海苔のねばりがつなぎに適したことで、織物の町ならではのそばが作られるようになった。小千谷そばは「へぎそば」とも「手振りそば」とも呼ばれている。へぎそばの由来は、杉板を「へい」で作った「へぎ」に盛るところからへぎそばと呼ばれるようになった。一方手振りそばは、茹でたそばを水から上げるときに小さく一掴み取り、手を振るようにして盛りつける動作から手振りそばの名がついたと言われている。へぎそばの特徴は、何と言ってもツルツル、シコシコした食感と喉ごしであり、一般的なそばとは全く違うタイプといえる。

わたや（新潟県小千谷市）

大正一〇年創業の老舗で、布海苔つなぎの「へぎそば」の伝統を守り、職人が昔と変わらない手法で打ち上げている。へぎに盛られた手振りそばは、整然と並べられ美しい造形の姿を見せている。何やら箸で手繰って形を崩すのがもったいないような気持ちになる。とは言ってもせっかくのへぎそば、のびないうちにと一口すればもう止まらない。程良いコシとツルツルした喉ごしが何とも言えない食感で、次々と手繰ってはすすり込み、あっという間に完食。大満足である。地元の客も多く、子供の頃から慣れ親しんだ故郷の味としてしっかりと定着しているようである。

「須賀川はやそば」

「はやそば」は長野県の選択無形民俗文化財に指定されている。湯の中に大根のせん切りを入れ、大根が柔らかくなる前に水で溶いた蕎麦粉を投入し、かき混ぜドロドロの状態にする。これを汁の入った椀にいれて山葵を薬味に食べる。栄養があり簡単に早くできることからその名が付けられ、昔の貧しい農家の忙しい生活の中から生まれたそばの食べ方である。

岩本そば屋（長野県下高井郡山ノ内町須賀川地区）

自家栽培した玄蕎麦を使い製粉している。そばはつなぎに「オヤマボクチ」を使い、コシが強く喉ごしの良いそばに仕上がっている。そばつゆはやや甘めで、鰹で出汁をとってありそばとの相性はよい。サービスで自家製の野沢菜やたくわん、郷土食の芋なます、りんごなど季節感のあるものが付いている。「はやそば」はそばつゆの甘みと良く合い、優しく上品な味に仕上がっている。大根の歯ざわりと蕎麦粉のフワフワ感が独特のハーモニーを生み出し、そばの風味と甘みが際立っている。

「斑尾高原涌井そば」

斑尾山の山麓にある小さな集落。北信州のソバの産地であり、名前の如く豊かな良質の湧水があることにより、昔から素朴なそばが打たれ多くの人に振る舞われてきた。十数軒しかない集落に三軒ものそば店があり、ここのそばの人気のほどが窺われる。その証拠に、地元だけでなく遠方からもたくさんの人が訪れ、どの店もいつも賑わっている。

「黒姫高原そば」

黒姫山麓一帯は秋になると昼夜の寒暖差が大きくなり朝霧が発生しやすくなる。山麓は真っ黒な火山灰土の高原地帯（霧下地帯）で、ソバの栽培適地として古くより「霧下そば」が作られてきた。冬のスキー場と夏の高原リゾートとして別荘も多く、年間を通して訪れる人が絶えることはない。そのためか、そば店も周辺地域に広く点在しており、それぞれの店が各地で名物としての確固たる地位を築いている。近頃この地域では、殻を剝いたソバの実を水に浸して発芽させ、乾燥して碾いた粉を使った「発芽そば」なるものを提供する店が増え、地域をあげてブランディングに取り組んでいるようだ。

たかさわ（長野県上水内郡信濃町大字野尻）

黒姫高原の最上部のあたりの高台に位置し、高原の風が吹き抜ける素晴らしい景観の中にある。ここでは「黒姫十割そば」が名物になっているが、コシ、喉ごし、水切りとも三拍子そろい、加えて「霧下そば」のもっとも優れた特徴である豊かな香りが際立つ逸品である。出汁の効いたつゆもまた格別でそばとの相性も良い。また、二〇一三年秋に誕生した新品種「長野五八号」を使用した「信州ひすいそば」が季節限定でラインナップに加わり、これを楽しみに集まってくる人達も大勢いる。

「戸隠そば」

「わんこそば」「出雲そば」と並ぶ「日本三大そば」の一つ。戸隠はソバ収穫の時期になると寒暖の差が大きくなり朝霧が発生する。戸隠山の冷たい水も豊かで、ソバ栽培に最適な条件が整っていることで、甘みのある香り豊かな「戸隠霧下そば」がつくられている。戸隠では二八そばが郷土そばとされている。これは、そば打ちの技法が伝えられた経緯が江戸時代の上野寛永寺からであり、当時江戸では小麦粉をつなぎに使った二八そばが一般的だったことによると思われる。戸隠そばの特徴は、挽きぐるみの蕎麦粉を使用し、「一本棒、丸延し」で打ち上げる。地元で編まれた根曲り竹の円形ざるに、水を殆ど切らずに「ぼっち盛り」と呼ばれる独特の形で盛り付けられるが、これは神様が召し上がりやすいようにとの配慮から、考え出された盛り付け方とされている。薬味には「戸隠大根」と呼ばれる辛味大根が使われる。また、おかずを付ける店が多く、地元特産の野菜や山菜を使い戸隠らしさをアピールしている。また、十一月新そばの季節になると戸隠そば祭りが開催され、「半ざる食べ歩き手形」が発売される。一冊二千円で購入すると、好きな店で半ざる（三ボッチ）四食を食べることができる。手形を使って四軒のそば屋をハシゴするのも、戸隠ならではの楽しみ方である。

うずら家（長野県長野市戸隠）

製粉所にて、地粉を中心に一月から二月の厳寒期に一年分のそばを石臼碾き製粉し、マイナス二〇度の冷凍庫で保存しているそうである。毎日解凍したての粉を手打ちし「三たて」で出される。蕎麦の採れたての淡い緑色を残し、糖化による甘味と風味、もちもちとした食感を楽しめる。加えて、この店の天ぷらは専門店にも引けを取らないほど香ばしくカリッと揚げられている。材料、製法、盛り付けなど、戸隠そばの原点を守りながら丁寧な仕事を続けている。休日ともなると多くのファンが押しかけ行列の絶えることがない。数ある店の中でも戸隠を代表する名店の一つといえる。

「善光寺門前そば」

長野県といえば、信州そばの名で知られる日本一のそば処である。小林一茶の詠んだとされる「信濃では月と仏とおらが蕎麦」の句がよく知られているが、実は一茶の句だという確証はないと言われている。これは一茶の「そば時や月の信濃の善光寺」の句を元に、後になって誰かが信州そばのPR用に創作したものが、いつの間にか一茶の句として一人歩きしたものであるらしい。いずれにしても、長野県におけるそばの重要度の高さがうかがわれる話であり、その証拠に県内いたるところでたくさんの「そば」の看板を目にする。中でも際立って名高いそばといえば善光寺の門前そばであろう。全国から訪れる参拝客のほとんどがここのそばを楽しみにして来る。「牛に引かれて善光寺参り」という言い伝えがあるが、今や「そばに引かれて善光寺参り」といったところだろうか。歴史も古く、大門前の仲見世通り界隈には多くのそば店があり、「善光寺門前そばの会」が結成され。現在十八軒が参加し運営されている。会の趣旨には次のように書かれている。「参拝者が一息つける茶屋が発展して今日に至る門前そば。信州善光寺周辺は、福井の永平寺、東京の深大寺、島根の出雲大社と並んで、門前蕎麦が盛んな門前町です。老若男女を善男善女に生まれ変わらせ、全ての参拝者を極楽浄土へとお導きになる善光寺さんのご加護の下で、旅のお客様は疲れを癒し、再び出発されていかれました。私たちは門前そばの原点に立ち返り、お客様がほっと一息つけるお店として、温かいおもてなしと味わいを心がけております」（善光寺門前そばの会より）。

藤木庵（長野県長野市大門町）

江戸後期、文政十年（一八二七年）第十一代将軍徳川家斉の時代に創業し、現在は八代目、百八十年余の歴史を積み重ねている。黒姫産の霧下そばの玄蕎麦を使い、昔ながらの小さな石臼で毎日自家製粉している。そば打ちは、「水回し」から「包丁切り」まで一貫して「江戸打ち」に徹している。出汁は一本釣りされた鰹の二年物本枯れ節を主に、鯖節も加えて削り、利尻昆布と合わせている。もり汁は保存料を一切使用していない濃口醤油の本がえし、かけ汁には温かい種物でも蕎麦の風味を損なうことがないように、薄口醤油を使った専用のかえしを使う。「江戸打ち」だが、二八だけではなく十割そばも打っている。主人のおすすめは「ごくらく蕎麦」で、もり汁、くるみ汁、とろろ汁の三種の汁のついたせいろそばで、好みで二八か十割を選べる。

「坂城おしぼりそば」

各地に辛味大根なるものは多くあるが、ねずみ大根と呼ばれる種類が最も辛味が強いと言われている。中でもここ坂城町のものは「中之条大根《なかんじょうだいこん》」というブランドで「おしぼりそば」専用の大根として栽培されている。この「中之条大根」のしぼり汁で食べるそばが「おしぼりそば」である。大根の辛味とそばの甘みが何とも言えない味わいで、特に喉ごし爽やかに胃の中に滑り込んでくるので、いくらでも食べられてしまう。地元では来客にそばを振る舞う時に「しぼりますか」と聞く慣わしがあるそうだ。ずいぶん前になるが、実際に更埴市の「つる忠」の暖簾をくぐった時、おばあちゃんに「しぼりますか」と声をかけられたことがある。「ハイ」と答えると、わざわざ前の八百屋に中之条大根を買いに行ってしぼってくれた。たまたま大根を切らしていたのだろうが、親切なおばあちゃんの姿が強烈な想い出として残っている。

「小谷そば」

北アルプスの山麓に位置する小谷村は信州そばの名産地として知られ、山菜やきのこなど地元の野菜とそばを一緒に食すことで有名な地域である。今でこそ、スキーをはじめ温泉、登山、パラグライダー、四季を通じた自然など豊かな観光資源に恵まれ、多くの観光客が訪れるようになったが、かつては雪深い静かな山村で、冬ともなると人の往来はほとんどない閉ざされた村であった。米は栽培不適地のため、古くより雑穀のソバが作られ日常食として食べられてきた。今日では、清廉なアルプスの水と相まって素晴らしい味わいのそばがつくられ、生活と密着した小谷らしいそばに人気が集まっている。「秋の新そばまつり」も毎年開催されるようになり、村を挙げてのイベントとしてすっかり定着している。

蛍（長野県北安曇郡小谷村中土）

かつて子供の頃この地に山村留学していた方が、都会から移住しこの店を開いたのだそうだ。そば打ちをいつ何処で習ったのかは聞いていないが、出来栄えはなかなかのものである。そばは二種類で、いずれも地元小谷村産の玄蕎麦を使い、石臼自家製粉の挽きぐるみで打ったそばである。玄蕎麦の全粒粉を使用した「深里」と、丸抜きの「蛍の緑」があり、共に二八で打たれている。薪を焚べたかまどで茹で上げ、近くの湧水で締め、風味豊かで喉ごしの良いそばに仕上げられている。つゆは出汁の効いたやや薄口のかえしで、繊細なそばとの相性は抜群。都会の雑踏から離れ訪れてみると、緑に囲まれた山村の中でゆったりとした時間が流れている。一三〇年前の古民家を改装し、ランプの光が灯る風情を楽しみながら頂くそばの味はまた格別である。

「美麻新行そば」

北アルプスの山容をバックに、春は菜の花、夏はひまわり、秋はソバの花と紅葉、冬は雪景色と四季折々の風景が自慢の山里である。「そばと民宿の里新行はそば好きなら知らぬ者はなく、全国から大勢の人が訪れ大変な賑わいを見せる。ここではそば屋だけでなくほとんどの民宿でもそばが食べられる。宿泊しなくても注文できるため、そばで人気の宿も数多くある。昭和四七年に「新行のそばを守る会」が設立され、地そばを使った十割そばとその品質が村全体を挙げて守られている。

「安曇野そば」

目の前に雄大な北アルプスを望む台地にひろがる田園風景。その中に別荘や二〇もの美術館がある集落がここ「安曇野」である。長野県内でも有数のそばの名産地として知られ、良質の水や冷涼な気候とともにそば打ちの条件がそろい、そば店も数多く点在している。店ごとに様々なタイプのそばが打たれており、毎年秋の新そばの季節ともなると多くの観光客が訪れ、それぞれの店の味に舌鼓を打っている。特に毎年十一月に穂高神社特設会場にて開催される「新そばと食の感謝祭」は、参加するそば店の数も多く、食品やその他物産品など様々なジャンルのブースが並び、大勢の人達で賑わう。また町の至るところから北アルプスを源とする地下水が豊富に湧き出している。その良質な水を利用して山葵の栽培が盛んに行われ、日本一の生産量を誇っている。その味も絶品で、薬味として「安曇野そば」の旨さの高評価に一役買っている。

時遊庵　あさかわ（長野県安曇野市穂高有明）

外には一二〇〇坪の広大な庭があり、主人自らが安曇野の自然を大切にガーデニングし、訪れる人を楽しませてくれる。店内の装飾品や調度品、そばの盛り皿などもセンスの良い物が使われていて、落ち着いた雰囲気でそばを食べることができる。地元産及び北海道産の粉を使った二八そばで、細打ちの「ざるそば」は、コシがあり喉ごしも爽やかである。つゆは江戸前に近い辛つゆでそばとの相性が良い。山葵の花芽ととろろを添えた「雪花ざるそば」が店主のお勧めで、安曇野を表現したオリジナルのそばである。とろろでそばの当たりをまろやかにし、山葵の花芽をつゆに入れそばと一緒にすすれば、ほんのりとした香りと辛味を感じながらそばの旨みを楽しめる。なかなかのアイディアである。

「奈川とうじそば」

奈川は長野・岐阜の県境にある乗鞍岳東麓の山村である。飛騨高山へ通じる街道にある野麦峠は、かつて飛騨の娘たちが信州の岡谷・諏訪の製糸工場へ糸ひき稼ぎに行き来した難所で、映画『あゝ野麦峠』で有名になった地域である。標高が一〇〇〇メートルを超す高地にあり、平地が少ないうえ冷涼な気候で寒暖の差が激しく稲作には不向きとされ、主にそばが栽培されてきた。この地区の在来種「奈川在来」を使い、昔から食べられてきたのが名物「とうじそば」である。「とうじ」とは温めるという意味で、野菜のほか地元でとれた雉肉や山菜、きのこなどを醤油仕立ての大鍋で煮、茹でたそばを冷やし一口にまとめ「とうじ籠」と呼ばれる各人用の小さな竹籠に放り込み、鍋の中にくぐらせしゃぶしゃぶしてから椀にとり、上から鍋の汁と具をかけ、好みで地元の生唐辛子や山葵、ねぎなどの薬味を加えて食べる。大勢で大鍋を囲んでワイワイとやる。何とも楽しく心温まるご馳走であり、これぞ奈川の名物であり一食の価値大である。奈川には「とうじそば」を振る舞う店が何軒かあるが、それぞれに個性があり楽しませてくれる。中には秋になると主人みずからが山に入り採った松茸を鍋に入れてくれる店もあり、都会人にとってそれはそれはうれしい驚きである。

「唐沢そば集落」

松本市の西隣にある山形村の農村地帯に「唐沢そば集落」はある。ここには江戸時代から唐沢川の水を利用した水車があり、祭りになるとここで蕎麦粉を碾き、そば切りを振る舞う習慣があったという。現在は唐沢川沿いに十一軒のそば店が軒を連ね、全国的にも珍しい集落となった。それぞれの店が切磋琢磨し、独自のそばの味を競い合っており、自信を持って出されるそばはどれも旨い。農家造りの自宅を開放したような店が多く、ほのぼのとした雰囲気にさせてくれる。一軒の店でじっくりと食べるも良し、数軒の店をハシゴし食べ比べするもまた良し。ここはそばで名高い「唐沢そば集落」なのだから。

水舎つつみ庵（長野県東筑摩郡山形村）

唐沢集落の最も奥に位置し、かつては旅館を営んでいたこともあるようだ。近郊でとれた玄蕎麦を毎日石臼で挽き、二八、十割と打ち分けている。超粗挽き熟成二八の「粗びき蕎麦」、挽きぐるみ生粉打ちの「信州ひすいそば」、挽きぐるみ二八田舎そばの「八割蕎麦」から選べるが、味、香り、コシ、喉ごし、食感どれも個性的で甲乙付け難く、いっそ全部注文してしまいたい。出汁は鰹節、鯖節、昆布、干し椎茸から丁寧にとられ、かえしと合わせた本格的なつゆは、それぞれのそばの持ち味を際立たせている。

「松本そば」

特に「松本そば」というジャンルはないが、名店と呼ばれるそば店がひしめき合っている街という理由から、あえてその名を冠してみた。松本市では「信州・松本そば祭り」が毎年十月の三連休の日に国宝松本城の公園で開催される。長野県内や全国から集まったそば打ち人、そば店が三〇ほどのブースを出し、一律五〇〇円でそばの食べ比べができる。他にも物産品や天然きのこなど数々の商品が並べられ、十万人以上が来場する日本最大のそばイベントである。一方、松本市内には数多くのそば店があり、なおかつそれぞれが、歴史、技術、材料、店づくりなどで多様なそばの特徴を打ち出し競い合っている。大変興味深いことではあるが、店の数とそばのタイプの違いの多さから、とても本書で紹介しきれるものではない。ここ松本には現在想像を絶するほどの巨大なそば店の集積エリアが形成されている。

野麦（長野県松本市中央）

街の中心街、女鳥羽川沿いの中町から少し入った辺りに位置する人気店の一つ。看板には「御そば打処　野麦」とあり、店に入ると「蕎麦は辰野町小野で、農家の皆様に専用で育てていただいたものを石臼で挽き、手打ち手切りしております。器は三重の松宮洋二さんの作です。ざるは戸隠の松本周運さんの作です。」と書かれたものが壁に貼ってある。そばは「ざるそば」「かけそば」のみで、それぞれ一人前、半人前、大盛がある。九割の極細切りで、コシの強い食べ応えのあるそばに打ち上げられている。地元客、観光客共に人気があり、行列必至の店である。

「八ヶ岳西麓蓼科高原そば」

古代「縄文銀座」とも言われた八ヶ岳西麓は、標高一〇〇〇メートル前後の南に面した穏やかな草原地帯で、縄文時代には大勢の人々が住んでいたようである。病気や虫害が少なく、安全な食べ物が採れ、満々と湧き出る岩清水が湖を造り池をなし、魚を育て、農作物と人々の豊かな生活を育んできた。「八ヶ岳西麓産そば」は、このような土地柄の高原地帯で栽培され、秋そばでは日本一早く収穫される新そばの産地のひとつと言われている。また、昼夜の寒暖の差が大きく、高冷地の強い紫外線が蕎麦の深い味わいを生み出す。そのためか年々収穫量が増え、平成一二年以降、各地が横ばいの中、茅野市は飛躍的に栽培面積を増やしている。また特産品の「献上寒晒し蕎麦」は、将軍家への献上品として江戸時代から伝わる伝承の技法で作られ、八ヶ岳で栽培される最高位のそばとされる「幻のそば」である。時間と人の手間をかけて作られる「十割そば」で、そば通垂涎の歴史あるそばである。

傍／katawara（長野県茅野市泉野）

「傍」は八ヶ岳山麓エコーライン沿いの標高一一〇〇メートル地点にある。一四〇年以上前に建てられた蔵と先祖代々伝わる農地を、この先もずっと傍らで守り後世に継承していきたいとの想いから「傍」と名付けたという。オーナー夫妻が作る無農薬野菜を使った料理と、八ヶ岳西麓産そばの農家食堂である。そばは一番粉を中心とした「白そば」と、挽きぐるみの「黒そば」があり、つゆは定番のそばつゆの他に、トマトや柑橘など季節ごとに変わる独創的なつゆの二種類がある。また、入り口には直売所が設けられ、自家菜園で栽培された朝採りの野菜が販売され、オーナーの心情が次のように書かれていた。「自然豊かなこの地にお越し下さったすべての皆様にむけて、安心安全な野菜を食べてもらいたい。野菜本来の味を楽しんでもらいたい。その想い一心で、有機肥料で土地作りを行い、農薬・化学肥料不使用の野菜を育てています。自然の力に任せた野菜たちは、たくましくわたしたちに元気をくれます。花や実を落とし虫の栄養になってしまうこともあります。そんな野菜たちも大丈夫。傍／katawaraで姿をかえてテーブルの主役になります。おもしろいことが起こりそうな予感」

「八ヶ岳高原そば」

山梨県と長野県に広がる八ヶ岳南麓の高原地帯ではソバの栽培が盛んで、「夏そば」「秋そば」と二回収穫される。したがって、春と夏には白いソバの花が高原を覆い、青い空と緑の森とともに織りなす美しいコントラストを見せてくれる。高原リゾートであり、綺麗な水と空気に恵まれていることからそば店が数多く点在している。そして都会からの客をもてなすための個性的な店が多く、そば好きにとっては外せないエリアの一つとなっている。

そば処三分一（山梨県北杜市長坂町小荒間）

山梨県の八ヶ岳南麓に湧く「三分一湧水」は、一八〇一年『甲斐国志 巻二九』に記されており、農業用水として争いが続いていた三つの村々が、平等に水を分配できるよう工夫されたことからこう称されるようになったという。「日本名水百選」にも選ばれた綺麗な水であり、水量も涸れることなく豊富である。この店では職人達がその湧水を使い、近隣で栽培された玄蕎麦を石臼で碾き、中太の十割そばに打ち上げている。適度にコシがあり、豊かな香りの素朴な味わいが口いっぱいに広がる。余談になるが、金髪美人のそば職人がいることでも有名である。また、地元で採れた野菜の直売所が隣接していて、都会からの客に人気があり、夏秋の新そばの季節ともなると大勢の人達が押し寄せる。

「高遠そば」

元々長野県伊那市高遠町で「高遠そば」と呼ばれていたわけではなく、古くから福島県会津地方でそう呼ばれたものが逆輸入され、現在に至っているとされている。平成五年に高遠ライオンズクラブの会員が会津を訪れたときに「高遠そば」の存在を発見し持ち帰り、名称を普及させたのが始まりというのが通説のようである。とはいっても、高遠はそば好きの保科正之公の元城下であり、当時は間違いなくそばが普及していたはずであり、それが個性豊かなかたちで今日まで伝えられていると考えられる。「高遠そば」の特徴はまずつゆにある。「からつゆ」と呼ばれ、辛味大根の絞り汁に焼き味噌を溶いて入れ、絞った大根おろしと刻みねぎを薬味にする。「からつゆ」の本場と言われるのは、高遠の中でも山間部の芝平地区であり、ここではそばの打ち方も独特な技法が伝えられている。まず、こね鉢は「かぶとばち」と呼ばれる底の深い陶器製のもので、水回しには湯を使う。小麦粉をつなぎに三七で打つが、一本のし棒で角出しはせず、巻き延しで手駒切り（駒板は使わず）、という打ち方をする。喉ごし良くコシがあり、「からつゆ」との相性も抜群で高遠独特の味わいである。

ますや（長野県伊那市高遠町）

焼き味噌と辛味大根を使う「高遠そば」はメニューに食べ方の解説がある。

焼き味噌を半分すり鉢に入れ、出汁をかけ入れ味噌を溶かす。辛味大根とねぎを投入し、そばにたっぷりの汁を絡めてすする。この味わいは、名を同じくする会津の「高遠そば」とは一線を画するものである。他にかえしと出汁を合わせた「つゆ」の本格的なそばもある。「玄」は地元高遠で自家栽培した玄蕎麦を殻ごと碾き、芯に近い部分の粉を使い外二で打った透明感のあるそばで、中に星が散っているのが見える。コシが強くツルッとした食感があり、香り高く甘みのあるそばに仕上がっている。

「抜き」は八ヶ岳山麓産の玄蕎麦を石臼で手碾きし、超粗挽き粉を十割中太に打ち上げた薄緑色のそばであり、風味が強くもっちりとした食感である。「田舎」は「玄」と同じく高遠産の玄蕎麦を挽きぐるみにした全粒粉を十割で打つ。おばあちゃんが石臼で碾いて手打ちしたそばをイメージしてつくられた、香りの強いザラッとした舌ざわりの十割そばである。最初に口に含んだ時は香り控えめだが、噛むと徐々に香りが立ってくる。産地、碾き方、打ち方を変え、風味食感が全く異なる「玄」「抜き」「田舎」の食べ比べが可能で、これに「高遠そば」を加えれば「ますや」のそばを全て味わい尽くすことができる。

「伊那行者そば」

伊那地方は「信州そば発祥の地」と云われている。奈良時代に、修験者「役小角《えんのおずぬ》」が信州最初の修行の地として木曽駒ヶ岳に向かう途中、伊那地方を訪れた際に地元の人達に大変お世話になった。お礼にソバの実を与え栽培方法を教えた。それが後に信州全体に広まっていったと伝えられている。伊那市の小黒渓谷の最奥地内の萱では、地元の人達により毎年「行者そばまつり」が開催される。十月の第三週の日曜日だが殆ど公開されていない。「行者そば」は、地元産の蕎麦粉を使い、地元の人が、地元に伝わる技法で、地元の湧水を使って、地元で打ち、地元で食べる。すべてを地元で完結させることにこだわり伝承されてきた。「行者そば」の特徴はつゆで、「からつゆ」とよばれる辛み大根に強めの味噌で味付けしたものである。慣れないと味噌の味と香りがきつく、そばの味わいが消されてしまうように感じるが、食べ進むと、辛み大根が調和して独特のそばの食味を楽しめるようになる。「高遠そば」と似ているが、伝承の歴史の違いから別物とされているようである。

梅庵（長野県伊那市荒井内の萱）

中央アルプス駒ヶ岳山麓標高九六〇メートルの山里にある。大根の絞り汁を入れたつゆに、味噌を溶いていただく伊那名物の「太打ち十割行者そば」が一推しメニューである。他には、星の混じった噛み応えのある黒っぽい太平打ちの田舎そばで、鼻に抜ける豊かな香りが特徴的な「太打ち十割田舎そば」と、丸抜きの挽きぐるみをやや白めの平打ちにした喉ごしの良い「細打ち十割もりそば」がある。どれも量が多くそば食いの極意「腹一杯食べる」を実現してくれること請け合いである。それでも二種類以上食べる自信がないときは、お願いすれば半盛りも応じてくれる。その場合には料金も半分にしてくれる良心的な店である。

「開田高原そば」

「開田高原」は岐阜県との県境に位置し御嶽山の麓に開けた標高一二〇〇メートルほどの高原で、雄大な自然と懐かしい農村風景が広がる「日本で最も美しい村」に認定された山村である。夏になると、青い御嶽山を背景に真っ白なソバの花が一面に咲き乱れ、開田高原ならではの風景が見られるようになる。信州屈指のソバの産地である開田高原では、十月の新そばの季節になると「開田高原そば祭り」が開催される。「挽きたて」「打ちたて」「茹でたて」の「三たて」がおいしいそばの条件だが、これに新そばの「穫れたて」を加えた味を楽しんでもらおうと始められたものである。また、この地域は木曽の観光地を控えて昔からそば店が多く、赤カブの葉を漬け込んだ名物すんき漬けを使った「すんきそば」を含め、開田高原産の旨い地そばが食べられる。

「飛騨高山そば」

飛騨高山は周辺地域にたくさんのそばの産地を持つ。飛騨山脈の深山からミネラルを運ぶ河川の水に恵まれ、高地の寒暖の差の大きな気候条件のもとで優良なソバが栽培されてきた。なかでも高山市高根町日和田地区の標高一〇〇〇〜一三〇〇メートルの高地では、今でも焼畑農法により在来種の小そばが栽培されている。「火畑そば」と呼ばれ、そば通の間では貴重品種として人気が高い。飛騨市でも多くの種類のソバが栽培されており、「万波そば」「信包《のぶか》そば」「朝霧そば」「数河《すごう》そば」「流葉切雲《ながれはきりも》そば」「山之村そば」などがあげられる。また、観光地では名物「高山そば」の名が浸透し、昼時ともなると行列のできる店も多く出現している。また、そばは古くよりこの地域の食生活と密接に関わってきたこともあり、そば特有の味と香りを生かし「おやき」や「だんご」「菓子」などの材料としても広く利用されている。近代になりそばの一大ブームがやって来ると、たくさんのそば専門店が軒を連ねるようになり、「飛騨牛」「高山ラーメン」とともに高山を代表するブランドとなり、本物のそばの味を求めてたくさんの人が訪れている。

ざるそば　せと（岐阜県高山市下岡本町）

この店の主人瀬戸靖史氏は、かつて野外教育の仕事をしていた若いころ「サンタクロースになりたかった」と語る。「自分と出会った人に、少しでも多くの笑顔の花を咲かせることのできる人がサンタなんじゃないか」「美味しいそばを作って食べた人に笑顔になってほしい」そんな思いから手打ちそばの再修業をしてそば屋を始めたそうだ。そばは、種類、産地、水、気候条件、碾き方、打ち方などの違いで多様な表情を持つと言われている。ご主人曰く「十割《とわり》十色《といろ》と呼んでいますが、少しでも風味の違いを引き出すよう、品種により、製粉・製麺法を変えて提供するよう心がけています」。「せと」では毎年九軒から一五軒くらいの飛騨各地の農家を中心に全国の産地からも玄蕎麦を仕入れ、手動石臼と電動石臼の二種の石臼を使って粉を碾き分け、それぞれ表情の異なるそばを毎日四種類打っている。厳密には二八の「ざる蕎麦」とは製麺法を変えた「かけそば」を加えると五種類となる。そばの持ち味、生産者の思いをいろいろ試してもらいたいとの思いから、注文は半量サイズで食べ比べのできるような設えにされている。自身でも自宅のある町内でソバ栽培の手伝いを続け、この度四年がかりで収穫された蕎麦が「さえぐさそば」と命名されたそうである。この地域は平安時代に「三枝の郷」と呼ばれていたことから付けられた名とのことである。「せと」ブランドの「さえぐさそば」を一日も早く食べてみたいのと同時に、今後の「せと」からは目が離せない。

「越前そば」

江戸時代、福井藩家老の本多富正が、荒地でも栽培し易いソバの栽培を領民に奨励した記録が残る。更に諸事に明るかった富正は、お抱えの医者やそば打ちに申し付けて、大根の摩りおろしを掛けた蕎麦を作らせた。これが越前名物「おろし蕎麦」の始まりの一説とされている。また「越前そば」の命名は、昭和二十二年に昭和天皇が北陸を行幸された折に、武生市でおろしそばを食べられた。お帰りになられたのちに「あの越前のそば」と口にされたことに由来しているそうである（Ｗｉｋｉｐｅｄｉａ）。現在の「越前そば」は、そばの上に鰹節と刻みねぎを載せ、大根おろしの入った出汁をかけ、かき混ぜて食べる。いわゆる「ぶっかけそば」のスタイルである。店によっては、つゆに大根おろしと鰹節、薬味に刻みねぎを入れ、そばをつけて食べる「つけそば」を出す店もあるが、原型は前者のスタイルである。ソバの種類は基本的に「福井在来種」が使われる。全国的には改良種の栽培が一般的な中で、福井県は県内各地で守られてきた在来種を、名産品として栽培を推奨し収穫量を確保している。「大野在来」「丸岡在来」が代表的であるが、焼き畑地域特定集中栽培による「美山南宮地在来」や「池田在来」「今庄在来」「永平寺在来」「あわら在来」など多種にわたる。どれも個性豊かな特徴を持っているが、共通していえることは、小粒で粒張りがあり味と香りが非常に良く全国的に高く評価されていることである。この玄蕎麦を石臼碾きにすることにより、蕎麦粉が繊維状になり粘り気が出、香り高く滑らかで喉ごしの良いそばに打ち上げられ「越前そば」となる。そば好きの県民が多く、特に「おろしそば」が人気で「福井の文化」と言われるほど愛されている。また、昔から「越前そばは五臓六腑のアカをとる」という言い伝えがあり、そばをたくさん食べる地域は長生きする人が多いとされてきた。実際に福井県は全国でも平均寿命が男性三位、女性六位（二〇一三年）と非常に高く、もしかすると長寿は越前そばのお陰と言えるかも知れない。

笏谷そば　本店（福井県福井市足羽）

福井市内にある足羽山の麓にある。足羽山は高級建築材の笏谷石が産出されたことで有名だが、「笏谷《しゃくだに》そば」も店名に笏谷を冠しただけあり、高級そば店として定着し、県外にも広くその名を馳せている。料亭のような趣のある外観は、本場越前そばの老舗の貫禄と風格を感じさせる。店内には個室も設けられていて、名物「越前そば」をゆっくりと味わいながら楽しむことができる。そばは細平打ちに打たれ、「越前そば」らしく硬めで上品な香りに仕上がっている。基本の「おろしそば」だが、大根おろしの辛味と鰹節の旨味に加え、かけつゆとのバランスが何とも言えない至福の味を醸し出している。福井県民がこぞって「越前そばは福井を代表する文化だ」と言う意味が理解できる。他にも「いなりおろしそば」「エビ天おろしそば」「割子そば」といった魅力的なメニューもあり、越前のそばのバリエーションを存分に楽しむことができる。

「出雲そば」

「出雲そば」は「わんこそば」「戸隠そば」と並ぶ「日本三大そば」の一つで、島根県出雲地方で広く食べられる郷土そばである。特に出雲大社周辺の地域では多くのそば店が「出雲そば」専門店として看板を上げ、「割子そば」と「釜揚げそば」を基本に振る舞われている。玄蕎麦を殻ごと石臼で碾いた全粒粉を使うため、そばの色は黒っぽく香りが強い。喉ごしは見た目ほどざらつき感がなく、むしろツルッとした状態に仕上げられている。本来は奥出雲など地元産の蕎麦粉を使った郷土色豊かなそばだったが、最近では「出雲そば」が広く知られ人気も上昇すると、地元産の蕎麦粉だけではまかないきれなくなり、日本各地の蕎麦粉が使われるようになった。しかし、そば打ちの技法は脈々と引き継がれ「出雲そば」の味は今も変わらず守られている。食べ方の特徴として、「割子《わりご》」という全国的にも珍しい食べ方があげられる。二から三段に重ねられた丸い朱塗りの器に入ったそばに、色々な薬味を入れ、つゆを直接かけて食べる。先ず一番上の「割子」に薬味を載せてつゆを全部かけ入れる。食べ終わったら、二段目の「割子」に薬味を載せ一段目の「割子」に残っているつゆをかけ入れる。三段目も同様にしてこれをくり返すのが「割子そば」の食べ方の流儀である。これは、昔「割子」が弁当箱として使われていたことが今に伝わり、重ねた順に上の段から食べる習わしになったという。また、「割子」と並んで「出雲そば」の食べ方で特徴的なものに「釜揚げそば」がある。茹でたそばを水洗いせず、釜から上げてそのまま器に盛り、上からとろみのあるそば湯を注ぎ入れ、後につゆと薬味をかけて食べる。こちらも出雲独自の味でありお勧めの一品である。

荒木屋（島根県出雲市大社町杵築東）

「出雲大社」の参道近くに店を構え、出雲そばの店としては最古と言われている創業二三〇年以上の老舗。「出雲そば」はソバの実を殻ごとすべて挽き込んだ粉を使うものが主流だが、こちらは殻を剝いた丸抜きを碾いて使う。コシが強いのにツルリとした喉ごしで、誰にも好まれるタイプに打たれている。また、そば打ちに使う水は自店の井戸から汲み上げられているが、これは創業当時から変わることのないこだわりとのことである。つゆも同じ井戸水を使い、ウルメイワシから取った出汁で、さっぱりと上品な味わいに仕上げられている。お勧めのメニューは「縁結びセット」で、二段の割子そばにぜんざいが付き、「おみくじ」と「ご縁袋」が添えられている。ぜんざいは「神在《じんざい》」が語源で出雲が発祥の地と言われている。出雲大社にあやかったセットで観光客の一番人気となっているそうだ。好みにより割子を釜揚げに変えることもできる。

「祖谷そば」

祖谷《いや》地方は、徳島県西部の四国山地の中を流れる吉野川の支流である祖谷川の、狭い谷あいに位置している。他の集落とは隔絶され、平家の落人伝説や独特の文化、習慣が伝えられている。祖谷渓の「かずら橋」で知られる秘境の集落である。昼と夜の温度差が激しく、土地がやせて水はけが良いため、古くからソバの良質な産地となってきた。祖谷そばは、秘境祖谷集落の代表的な家庭料理で、つなぎを使用しない十割の太打ちである。一般的なそばよりも短く切れやすく舌触りは少しザラついている。そばを手繰るとか啜るといった類のものではなく、古き貧しい時代に米の代用品として食べられていたと思われるような質素で素朴なものである。ただし、薄味のだし汁とともにかき込めば、そば本来の味と香りを存分に楽しむことができ、同時に秘境祖谷渓の風情も感じることができる素朴なそばの味である。

「小国そば」

阿蘇大観峰にむかう途中、南小国町の中心部に「小国蕎麦街道」があり、何軒ものそば店が集積している。ソバは一般に「寒暖差があり霧が発生し湿度の低い地域のものがおいしい」と言われるが、阿蘇は日中三〇度を超す夏の日でも、夜には一〇度前後まで気温が下がり、朝もやの発生も多く一年を通して湿度のバランスが良い。このような気象条件に加え、阿蘇山系からの湧水と自然溢れる環境がソバづくりに最適だったことから、一〇年ほど前からそば店が次々とオープンし、現在のようなそば街道が誕生したそうだ。周辺に黒川温泉をはじめ阿蘇の景勝地が数多く点在することから、国内外から一年を通してたくさんの観光客がやって来る。そして阿蘇の名物となった「小国そば」を求めて訪れる人達のために、それぞれの店が様々なアイディアを駆使し競い合っている。どの店も個性豊かなそばや料理、雰囲気づくりに一生懸命に取り組んでいるので、「小国蕎麦街道」の今後が楽しみである。

八、全国極みのそば

二足の草鞋　地水庵（岩手県西磐井郡平泉町）

中尊寺の近くに構えられた店は、県内の古民家から集めた古材を使い建てられている。店主自らが古材の収集にあたり、時間をかけてじっくりと選んだものである。「古い物を大事にして生きる」という人生観を持つ店主の心が各所に表現された店づくりとなっている。内観外観ともに重厚な作りで、周辺の閑静な風景の中でひと際その存在感を発揮している。店主はかつて東京で会社勤務しながら正に「二足の草鞋」を履いてそば打ちをしていたそうである。その後脱サラし平成八年に平泉に居を構え完全にそばの道に入ったという。当時は、平泉町の畑でソバを自家栽培し、脱穀から製粉まですべてを自分の手でやっていたが、現在は、北海道黒松内の農園に依頼して栽培された長野の奈川在来種を使っている。玄蕎麦は保冷庫で熟成し、一年物を石臼で自家製粉している。手碾き十割の「古典そば」が一日一〇食限定で打たれる。粗挽きで表面に星が浮き出していて、口に含むとザラッとした舌触りとともに深い香りが広がる。噛みしめるほどに味わいが滲み出して、そば本来の素朴な風合いが感じられる。手碾きする粉の碾き方が単純な粗挽きではなく、何種類かに碾き分けた粉を巧みにブレンドし、複雑な噛み応えや風味を出しているように思える。他には無い独特の味わいを持っていて、私自身不思議な気持ちにさせられた。店主に尋ねたところ、簡単な説明ではわからないということなので、それ以上聞くのは諦めた。ただし、全ての工程で丹精込めて打った結果であることだけは理解し納得した。「せいろ」は外〇・五の細打ちで、喉ごし良く香り高い仕上がりである。熟成そばの旨味を存分に味わうことができ、同時に見た目の姿も端整で美しく、次々に手繰るのが楽しくなる。かつての「せいろ」は二八で打たれていたが、この頃のソバは味香りが薄いため、現在の配合に変えたそうである。「古典そば」は三角形の焼き〆の陶器皿、「せいろ」は正目の通った木製の板そば風のせいろに盛られ、どちらも店の雰囲気に合っていて美しい。つゆは東北地方の特徴なのか、少し甘めで薄い感がある。私の好みからすると、もう少し辛めの方がこの店のそばの味に馴染むのではないかと思ったが、ご主人曰く、ソバの状態によってつゆの甘味を変えているということであった。「白いのもそば、黒いのもそば、腹は満たせなくとも時を満たすそば屋でアリタイ」。品書の表紙に書かれた店主の言葉である。

隆仙坊（福島県郡山市清水台）

店主の齋藤隆夫氏は、「蕎聖」と呼ばれた足利一茶庵の片倉康雄氏に師事し、そば打ちの基本を習得したという。今でもその教えの通り「挽きたて」「打ちたて」「茹でたて」の「三たて」を頑固なまでに守っている。そばは季節によって最高の玄蕎麦を厳選し石臼で自家製粉している。粉の挽き具合や水回しも、その日の温度と湿度に合わせて調整し、最高の状態でそばを打ち上げる。隆仙坊では「うすずみ」と呼ぶせいろそばを基本に「種せいろ」、更科の「白妙」、「変わりそば」がある。まず「うすずみ」は、外一の細打ちで端整に切り揃えられ見た目にも美しいそばである。冷水でピシッと締められたそばには程良いコシがあり、角の立った断面には艶があって喉ごし最高の仕上がりとなっている。舌触りにザラつきはなく、噛むとほのかに香りがついてくるといった上品な風合いである。つゆもスッキリとした辛汁で、じっくりと寝かせたかえしのまろやかさに出汁の旨味が程良く重なり、そばの甘みを際立たせている。次に「種せいろ」だが、「野のおろし」「蕗みそ」「すだち」「芹」など季節の物が用意される。「変わりそば」は「紅切り」「けし切り」「茶切り」「ゆず切り」などがあり、それぞれの種が更科の「白妙」に打ち込まれる。この店はそば以外の料理にも定評があり、味にうるさい著名人も大勢訪れている。すべての材料を吟味し決して妥協しない姿勢にファンの信頼も厚いという。夜は人数限定で「蕎麦会席」を食べることができる。そばを色々な形で表現し、そばの美味しさを存分に堪能させてくれる。また、天ぷらはプロが推奨するほどの出来栄えで、その他の日本料理は勿論のこと、フランス料理も専門店で教えをいただくなどして、蕎麦懐石に取り入れているという。私も未だ夜の「蕎麦会席」を食べる機会に恵まれていないが、このように調査すればするほど想いは募るばかりで、なかなか実現しない自分の行動力のなさに呆れている。

蕎酔庵（山形県米沢市遠山町）

会津から大峠を越え、米沢市に下った辺りの田園風景のなかに「蕎酔庵」はある。「十割そば」と「十対一そば」があり、両方一枚ずつの「二枚盛りそば」もある。一枚あたりの量は多いが小盛りにも応じてくれるのでありがたい。「十割そば」にはアルカリ水と塩が付けられてくるので、暗に水そばを勧められているものと理解し試してみた。旨い！　透明感のある美しい姿をした細打ちで、やや平打ち加減に切られている。口に入れた時の舌触りは滑らかなのに対し、噛んだ時にはざらつき感があり、同時にフワッとした香りが広がる。石臼の自家製粉とのことだが、微粉まで碾いた粉とやや粗く碾いた粉の二種類をブレンドし、「捏ね」と「延し」で表面と芯のバランスを変えていると思われる。平打ち加減に切る訳はここにあり、そばの特徴を生かすための卓越した技である。「十対一そば」は所謂外一のことである。つなぎのある分、蕎麦に小麦の香りが加わり穀物香が強調されている。その代わり、つなぎの力によって一層喉ごしが良くなり硬さにも弾力がでている。鰹の出汁が効いた濃い目の辛汁で、細打ちでエッジの立ったそばを食べればもう大満足間違いなしである。また、そばの盛られる器が面白く、陶器製で白地に染付絵の皿なのだが、手繰り進んで皿の中程が見えるようになると、その秘密が明らかになる。五角形の角と真ん中の五箇所に穴が開けてある。穴は裏まで通り水が抜けるのである。皿盛りの弱点とされていた水切りを解決したのである。何で皆んな気付かなかったのだろうか。簀の子よりもこちらの方がずっと体裁が良い。山形県は太打ちの田舎そばが好まれる土地柄だが、その中にあって「蕎酔庵」のような細打ちのそばを得意とする店を出すのは珍しい。余程の思い入れか自信がなければ決断できないと思われるが、実際に食べてもらえれば、その旨さに皆納得しリピートするようになる筈である。その証拠に、今も変わらず「蕎酔庵」のそばを求めて大勢の人達が訪れ、そばに酔って帰って行くのである。

村屋東亭（茨城県鉾田市）

「常陸秋そば」の存在を広めた中心的存在の店と言われている。店主の渡辺維新さんは、茨城県の農家の生まれで、高校卒業後は地下鉄の運転士や自動車修理工をしていたという。結婚した妻の実家がそば屋で、そこに婿入りし、三代目として後を継いだのだそうである。「古い街の古いそば屋」に飽き足らず、そば打ちの名人を何人も訪ね歩いて勉強した。最後に足利一茶庵の片倉康雄氏に師事し、直接そば打ちとその精神を学んだそうである。直弟子である証拠に、店には一茶庵系ではお決まりとなっている友蕎子（片倉康雄）直筆の「食はすべてそのもとを明らかにし、調理をあやまたず、そこのうことなければ、味わいすぐれ、からだを養い、病をもいやし、よく人をつくる」が座右の名として飾られている。「村屋東亭」では茨城県常陸太田市旧金砂郷産の「常陸秋そば」を使う。店主は「常陸秋そば」が品種登録された当時は農家にいろいろアドバイスをしていたそうであるが、現在はできるだけ「常陸秋そば」の良さを生かせる努力をしているそうである。また、同じ「常陸秋そば」でも、地域・産地により違いがあるため、それぞれ工夫を凝らしているという。「せいろ」は基本外二で小麦粉をつなぎに調整しているそうで、エッジのきいたキリッとした姿に加え、香り豊かで甘みのある仕上がりで程良い硬さに打ち上げられている。そして何よりも驚かされるのは「新そば」の時期のそばの色である。爽やかな薄緑色が特別の色合いで、そば本来の色と香りを出している。一年の内でも限られた時期の限られた物だけのようで、たまたま当たれば幸運と思わなければならないようである。つゆはまろやかでかつキレのある辛つゆに仕立てられている。熟成された旨味を醸し出すかえしの技に店の力量が感じられる。他に「そばしるこ」や、酒に合ったおつまみは、蕎麦粉を生かしそば屋の風情を出すようにされており、「種もの」も含めて心いくまで堪能することができる。

山帰来（栃木県日光市南小来川）

地元小来川で自家栽培した玄蕎麦を毎日自家製粉し、二八と十割に打ち分けている。どちらも香り高く喉ごしも爽やかで、エッジの効いた美しい姿に仕上がっている。地元のそば打ち職人が打っていると言うが、そば打ちの技術は確かなものがあり、「三たて」で丁寧に出されるそばは絶品である。すべてのそばは陶芸家佐伯守美氏の製作した皿に盛られて、より一層艶やかさが増して見える。日光の山深い集落である小来川の川沿いに、斬新にデザインされたログ建築の建物が凛とした風情で立っている。案内看板がなければ、誰がここをそば屋と思うだろうか。芸術家のアトリエか美術館と見まごうばかりのつくりである。店内には軽快なジャズが流れ暖炉が設えられ、やはりどう見てもそば屋のつくりには見えない。カウンター席に座ると広く切られた窓からは清流「黒川」の流れが美しく、浅瀬では青サギが餌をついばんでいる姿も見える。そばがくるのを待つ間、時間の経つのを忘れてしまいそうになる。また、日光産の取り立てでみずみずしい山葵が薬味として添えられ、そばの味を引き立ててくれる。ところで山帰来《サンキライ》とは、正式には猿捕茨《サルトリイバラ》と言う植物で、秋になると赤い小さな実をつけ、生け花など飾り物としてよく見ることがある。昔は毒消しの薬として使われていたようで、山に入った病人がこれを食べたところ元気になって戻ってきたことから「山帰《サンキ》来《ライ》」という俗称がついたと言われている。そんな意味を込めて店の名としたのだろうが、この店に来てそばを食い、都会の生活で溜まった毒気を消し去り、元気になって帰っていって欲しいという気持ちを表現しているのだろう。そば食いとして、こんな店で絶品そばを食べる幸せは筆舌に尽くしがたいことであり、変わることなく永く続いて欲しい店である。

くれさか（群馬県吾妻郡中之条町）

暮坂峠は草津温泉と沢渡温泉を結ぶ山道で、若山牧水が旅したことでも有名であり、路傍にはたくさんの歌碑が立てられている。冬には雪で閉ざされてしまうつづら折の続く峠道の傍にここ「くれさか」はある。地元で生まれ育った店主が地元産の玄蕎麦を使い打つそばは、都会ではまず巡り会うことのない独特の深い味わいがある。やや太打ちの「十割そば」と二八の「もりそば」がある。二種の「あい盛り」にもしてもらえるので、食べ比べをしたい人にはありがたい。「十割そば」は硬めに茹でられているので、好みの合わない場合は「柔らかめでお願い」と言えば気楽に応じてくれる。主人の人柄がめっぽう明るく、来る客来る客皆んなに気に入られてしまう。得な性格とはこう言う人のことを言うのだろう。こんな山深い田舎で客が来るのだろうか心配になってしまうが、とんでもない繁盛店なのである。それもその筈、そばがとてつもなく旨いのである。常連客と初客が入り乱れ、アレヨアレヨと言う間に待ち客多数になってしまう。店構えや調度品は少々粗末に見えるが、そばを見ればその出来栄えに誰もが驚かされる。二八は細打ちでピシッと角が立ち艶やかで美しい姿をしている。十割は粗挽き粉を使い香り高く仕上がっている。どちらも冷たい山の水で締められ喉ごしが良く、次々と手繰られるのを待っているかのように見える。玄蕎麦は地元六合地区産を使うが、秋の新そばの季節には近くの圃場で栽培されたものも登場する。暮坂の山中で四季の移り変わりを肌で感じながらそばを食べていると、「本来そばってもんはこんな風に食べるものだったのかもしれない」などと思えてくるから不思議だ。ここは農園も経営しているので、新鮮な朝採り野菜を使った天ぷらと田舎料理が日替わりで用意され、これがまた絶品で人気となっている。つゆのレベルも高く、私は、そばの旨さではここ「くれさか」を本県一とした。

吾妻路（群馬県吾妻郡中之条町）

現在は二代目の店主となっているが、先代の残した言葉「蕎麦屋は美味い酒と酒肴を楽しみ最後に少量のそば切りで締める。」を大事にし、そば打ちと店づくりに励んでいると言う。なかなか重たい言葉であり「酒」と「肴」と「そば」を日々三位一体で揃え続けることは並大抵の努力では叶わない。酒は「馥露酣」など群馬県の地酒数種と、「黒龍しずく」をはじめとし、日本酒好きにとっては垂涎の的である全国の銘酒を取り揃えている。先代は大変な酒好きで、酒に対してはたいそう気っ風の良い人であったと記憶している。前の古い店にあった掛け物に「大酒飲みの馬鹿者が、全て地獄に落ちるなら、さぞかし天国は寂しかろう。店主」。こんなものがあった。なかなかの洒落者だったことがうかがわれる。酒とそばが一体とは言わないまでも、一対と言っても過言ではないだろう。気の利いた肴でそば前をやり、締めに最上のそばを手繰る。何も江戸の時代の特権ではない。この店のそばは福井産と地元産の最高級の玄蕎麦を仕入れ、新そばは出さず自家貯蔵で一年以上熟成した物を毎日自家製粉している。したがって、そばの状態は一年を通して安定しており、熟成蕎麦の旨味を味わうことができる。「手挽きそば切り」「極太切り」「中太切り」「細切り」の四種類があり、同じ産地、同じ品種の玄蕎麦を製粉の違いにより打ち分けている。香りよりも味と食感を重視しているとのことである。「手挽きそば切り」は粗挽き粉を細切りした二八そば。「細切り」は喉ごしを追究した九一そば。「中太切り」は鴨汁などの味の濃い汁にも負けない風味の強い外二そば。「極太切り」は酒のアテになる温もり十割そばである。四種類それぞれ味が違うので比べて食して楽しんでみると良い。つゆは先代からのかえしに新しい物をつぎ足し出汁と合わせた辛汁だそうで、旨味の効いたなかなかの代物である。テーブルには五種類の岩塩も置かれているので、好みでそばにつけてみるのも面白い。器や調度品もセンス良くまとめられ、ゆっくりと落ち着いて楽しめる店である。

阿き津（埼玉県北本市高尾）

一茶庵そば教室でそば打ちを学び、その後「北本自然観察公園」の近くに別荘として建てられた建物を買い取り、平成一二年にそば店として開業した。店名の「阿き津」はトンボの別名であり、俳句でも季語として度々使われている。「いくもどりつばさそよがす　あきつかな」飯田蛇笏。この辺りは荒川の河畔で、広々とした田園風景の一部に小高い丘があり、そこに「阿き津」が佇むように立っている。素封家が別荘を建てるような場所であることに想いを馳せてみれば、かつてはトンボが透き通った美しい羽を鳴らしながら飛び交う、そんなのどかな風景が広がっていた場所なのだろうと想像できる。「阿き津」のそばは、北海道音威子府産と福井在来種の蕎麦粉を使い二八で打ち上げられている。基本の「おせいろ」は、一茶庵系のそばらしく端整な姿で艶やかな色をしている。切り口の角が立ち断面は滑らかで喉ごしが良い。嚙みしめると穀物系の香りが口いっぱいに広がり旨さを実感できる。つゆは上品な鰹出汁の効いたキレのある濃い目の辛汁で、ちょい付けにむいた私の好きなタイプである。また、温かい「かけそば」もおすすめである。利尻昆布、どんこ、鰹節をたっぷり使い、薄口醤油と合わせて自慢のかけつゆがつくられる。コシのしっかりした二八そばとこのつゆとが抜群の調和を創り出し、最高の出来栄えの「かけそば」が出される。当然一滴残さず飲み干すこと請け合いの最上級の一杯である。料理も贅沢に用意され、特に材料には相当のこだわりを持っている。新鮮な地元野菜を中心に、地産地消を実践し、種物にも積極的に取り入れている。良く手入れされた日本庭園と、遠くに富士山も望める秩父の山々の景色を眺めながら、老舗料亭のような趣のある建物でゆっくりとそばを食べる。まずそば前から始め、酒と料理を一通りいただき、ほろ酔い加減になったところを見計らってそばで締めるスタイルの「阿き津」では、時間を気にすることなくじっくりと楽しんでみたい。

竹やぶ　柏本店（千葉県柏市）

「竹やぶ」は柏市の丘陵地帯にある坂の上にひっそりと立っている。上下二箇所ある下の門から入り、趣のある小道を登るように進んで行くと上の玄関の扉に到着する。坂の小道のそこここに面白いオブジェやビー玉が置かれ、その光景の持つパワーにより、入店前にある種の緊張感を持った心の準備をすることになる。母屋は、屋根がフランスの古城をモチーフにした古瓦で葺かれ、店内の意匠も、不思議な世界に迷い込んだと錯覚するような面白さに溢れている。自由奔放な表現と捉える以外に理解するのは難しいと思われる。席につきメニューを見ていると、あれやこれやと興味を引かれ決断することができなくなる。「そば三昧コース　限定十食」は、そばがき、田舎又はせいろ、にしんそば（小）、甘味の四点からなるコースで、「竹やぶ」の基本と言えるメニューなので、初めての人にはお勧めである。そばは「せいろそば」と「田舎そば」の二種類のみで、双方美しい細打ちに仕上げられている。コシ、喉ごし、香り全てにバランスがとれ、そばの旨さが十二分に発揮されている。つゆも江戸前の辛汁で、かえしに出汁の香りと旨味が合わさって絶妙の味となっている。各種器にも趣向が凝らされ、陶器、塗物、硝子など、そばの実力に負けないほどの物が使われている。「竹やぶ」では、黒姫産の手挽きということ以外、打ち方について特別説明していない。その代わりに、そばを食う側があれこれと想像たくましく考えさせられることになる。その方が事前情報による先入観で評価を誤ることがなくなり、旨いまずいを客観的に判断することができるのかもしれない。現在は二代目の店主となっているが、名店「竹やぶ」を作り上げた初代阿部孝雄氏の功績は大きい。「池の端藪蕎麦」で二年弱の修業ののち、手打ちそばの打ち方を学び、「変わりそば」を含め五百種類以上のそばを独自で打ち上げた経験がある。何度も壁にぶつかりなかなか思いはかなわなかったが、一度だけ自分が思い描いていた通りの一縷の隙もない最高のそばを手打ち、十割で打ち上げたことがあるという。しかしそれからは、きちっとしたそばがいいか悪いかはわからないが、従来のそば職人の域を超えた新しい領域を創造したいと思い、オンリーワンを目指し現在まで来たのだそうである。箱根の支店を含め、東京には「竹やぶ」の指導を受けた数々の有名店があるが、そこには暖簾分けというような古い体質の関係はない。それぞれの文化と考えでやっていく家族のような関係だという。自分たちの持つ確固たる技術に加え、新しいそばの可能性を追究する、自由なグループを意識しているようである。阿部氏の意志を引き継ぎ、各店共に進化する名店としてそばワールドを牽引していってもらいたい。

菊谷（東京都豊島区巣鴨）

店主の菊谷修氏は、趣味のそば打ちが高じて二八歳で脱サラ。かつて埼玉県秩父市にあり名店と呼ばれた「こいけ」の小池重雄氏の元で修業し、三〇歳で石神井公園に「菊谷」を開店。その六年後に地元である巣鴨地蔵通り商店街に店を移転した。全国各地から厳選した玄蕎麦を仕入れ、それぞれの特徴を引き出すよう、石臼などを使い分けて自家製粉しているという。そばには相当のこだわりを持つ反面、蘊蓄は述べないそうである。純粋にそばの美味しさを追究し、その限りない可能性を楽しんでいるという。したがって、様々なそばを味わってもらい、そばの魅力を知ってもらうことが店主の喜びと言う。そば食いにとっては何とも嬉しい姿勢である。そばは日替わりで三種類用意されるが、なるべく特徴に振れ幅が出るよう心がけているそうである。産地、熟成具合、碾き方、つなぎの割合、ブレンドなどの違いを際立たせた二〜三種類のもりそばを別盛りにした「利き蕎麦」に人気がある。風味、香り、味わいの違いを楽しむことで、そばの奥深い魅力を感じてもらいたいと言う。様々な種類のそばを打ち分ける技術も凄いが、その情報量の多さと挑戦する気構えにエネルギーを感じる。ただし、流石、秩父の名店「こいけ」出身とあって、そばの味の基本である「三たて」はしっかりと守られている。そばだけ食べてみると「挽きたて」の香ばしいそばの香りがする。透明感のある色合いに「打ちたて」が、噛んだときの歯ざわりに「茹でたて」が感じられる。そば前も豊富な品揃えで趣向を凝らしている。基本的な「焼き味噌」や「板わさ」が丁寧に作られているのは勿論であるが、加えて、鯖の薫製など五品盛りの「お任せ酒肴盛り」や「チーズのかえし漬」などのオリジナルが充実していて興味深い。他には同じく日本酒は栃木県宇都宮酒造の「四季桜　佳撰」がお勧めとなっている。スッキリとした飲み口だが旨みはしっかりとしているので燗酒が良い。他には同じく「四季桜　生酛純米」も置いている。酒の種類も幅広く置かれ、ビール、焼酎、ワインなど各種取り揃えられ、そば前というよりも本格的な酒宴の構えである。昼時間は混み合うことが多く夜のみになってしまうが、お勧めの絶品そば前である。高度な技術を裏付けに、様々なそばを打ち分け、美味しいそばに挑戦する。そんな「菊谷」に新たな進化を期待している。

丸富（長野県駒ヶ根市）

飯田市内から水を求めて駒ヶ岳山麓の地に移ってきた店であり、店主の宮島秀幸氏は、そば打ちに対して相当のこだわりを持って取り組んでいる。契約農家で栽培される希少品種の下栗在来種は、手刈り、天日干しにされる。丸富はその玄そばを買い付け、電動の石臼でゆっくりと丁寧に碾く。下栗在来種は小そばと呼ばれるように一粒が小さく、殻を割って粉に碾くまでには相当時間をかけないと綺麗に碾けない。手間を厭わずに碾いた粉を十割の極細に打ち上げ「しらびそそば」という名で提供される。驚くほど細く切られた麺線には程良いコシがありスルスルと喉を通っていく。口の中いっぱいにフワッとした風味が広がり、その瞬間何とも言えない旨味を実感できる。これまでに多くのそば食いを満足させてきた説得力のあるそばである。他にも、駒ヶ根産の玄そばを、注文を受けてから石臼で手碾きし、「挽きたて、打ちたて、茹でたて」の正真正銘「三たて」で出される、十割の中太打ち田舎そば「雫」や、粗挽き粉を二八で打ち、角がビシッと立って喉ごしが良く、しっかりとした歯応えのある「朝日屋」などが食べられる。どれも丁寧に打たれ美しい姿に仕上げられているため、食べながらも、見て良し、食べて良しと楽しみながらゆっくりと手繰る気持ちにさせられる。つゆは、鰹節の出汁が効いた切れの良い辛汁で、どのそばにも合うように仕上げられている。水は木曽駒ヶ岳の伏流水を使い、野菜をはじめすべての食材を地元から調達し地産地消を心掛けているそうである。店は駒ヶ根の広大な林の片隅に佇む一軒家で、閑静な風景の中に身を置き、鳥の鳴き声や風の音を聞きながらゆっくりと地そばを食べる。なんと贅沢なひと時なのだろうかとしみじみ思う。そんな店が「丸富」である。

安曇野　翁（長野県北安曇郡池田町）

店主の若月茂氏は、日本一のそば打ち名人と呼び名も高い「翁」（現在は「達磨」）の高橋邦弘氏の元で修業した一番弟子である。箱根暁庵（東京）を経て平成九年に「安曇野　翁」を開店した。開店後も師匠とのコラボレーションフェアとして年に一度「翁達磨　東京そばの会」を開催している。師匠である高橋邦弘氏の精神を継承し、自家製粉によるそば打ちの技術を大切にしている。北海道、茨城、長野の契約農家から玄蕎麦を仕入れ、石臼で自家製粉し、喉ごし、香り、味にこだわり、そばを打つことを心がけているそうである。そばは「翁」の基本である二八で打たれ、メニューは「ざるそば」「いなかそば」「おろしそば」「鴨せいろ」に、冬限定で「かけそば」と「鴨南蛮」が加えられるだけの至ってシンプルなものである。それだけにそばに向けられる情熱が感じられるし、事実そばのレベルは、非の打ち所のないほどの完成度である。玄蕎麦の厳選から始まり、「石臼挽き自家製粉」「打ち」「茹で」「盛り付け」に至るまで、すべての工程において手を抜くようなことはなく、常に正面を向いてそばに取り組んでいる。

そして、この店のつゆがまた素晴らしい。北アルプスの伏流水を使い、厳選した鹿児島県枕崎市の本枯れ節、北海道函館市南茅部町の真昆布、伊豆産の茶花どんこ（干し椎茸）でとった出汁に、地元松本市の大久保醸造店の醤油を使ったかえしを合わせて、きりっとした味わいの辛つゆが作られている。「ざるそば」「田舎そば」との相性も良く、それぞれのそばの味を引き立てている。また、温かいそばのかけ汁には甘汁が使い分けられ、アッサリとした味に仕立てられている。「かけそば」を食べたが、凝縮された出汁が効いて、ピシッと引き締まったそばとともに、一滴残さず飲み干してしまう旨さであった。師匠を仰ぎ、正直に、ひたむきにそばを打つ職人魂には好感が持てるし、同時に頭が下がる。旨いそばを変わらず安定して食べられるのは、こういう店でしか有り得ないのだろう。そう考える度に、次はいつ来られるのだろうかという思いに駆られる。店内からは安曇野の台地と北アルプスが一望でき、春は桜、夏は緑、秋は紅葉、冬は雪景色を眺めながら翁のそばを手繰る。ああ何と穏やかで幸せな一時なのだろうか。

時香忘《じこぼう》（長野県木曽町新開芝原）

「時香忘」とは、きのこの名前からとったのであろうか。「ハナイグチ」を長野県では「ジコボウ」と呼ぶそうで、もしかしたら店主の大好物なのかもしれない。そば店の「時香忘」は、国道三六一号線沿いの林の一画に忽然と姿を現す。デザイナーズ系建築のそば店で、店主の趣味趣向が強烈に表現されている。その店主である高田典和氏は、繊維関係の仕事から脱サラし平成一五年に開業したそうである。そばは開田高原や八ヶ岳山麓の玄そばを独自開発した石臼を使い極粗挽きに製粉している。つなぎは限りなく使わないようにしているが、コシを出すためにある野菜から取った葉脈をねり込んでいるという。この地域では古くは「オヤマボクチ」や「山葡萄」の葉脈を使っていたそうであるが、現在では山に植生がなくなってしまったという。時香坊のそばは「寒ざらし熟成そば」を基本としているそうである。一般的に「寒ざらし」は玄そばを川の玄流域の冷たい水につけ、甘味の増したものを保存してから打つという手法だが、時香坊では全く異次元の技法を使っている。打ったそばを三日～一週間真空状態で寒ざらしにし、熟成させることで、結果、深く奥行きのある絶品の味に仕上がることとなる。ただし、香りは少々落ちるので、これを求めるお客様に対しては「野点そば」を用意している。「もりそば」の基本は、何も加えずいかにそば本来の味を出すかである。食べ始めから終わりまで単調な味が続くのではなく、噛んでのみ込む度に食感の変化を楽しめるそばにしたいので、挽いたそばの実の大小が混ざった全粒粉を挽いている。ご主人は「お客様は大変な思いをして稼いだお金を払ってそばを食べに来てくれる。それに応える為に、私はできないことを乗り越えてでもお客様に喜んでもらいたい。」と話す。真っ白な更科そばと茶色味がかった田舎そばを表裏の二色合わせに打ち上げた「夜明けそば」は、ご主人のこういった姿勢から作られた緻密さを表現したそばの一つである。奇をてらうのではなく、五感を楽しんでもらうとともに職人としての技術をも楽しんでもらうものである。また、時香坊では、そば茶に始まり、そば、そば湯で終わる一連の流れすべてが料理であり、すべてを手作りにしているという。特にそば湯、実をすりこぎでつぶしてそば湯を作ろうと考えているそうである。次回訪れた時には新作のそば湯が戴けることを楽しみにしたいと思う。そばだけでなく、接客や店の雰囲気づくりもお洒落で、これから先どのような進化を見せるか楽しみであると同時に、新しいそばワールドの先駆者を予感させる店である。

笊蕎麦　小邨《こむら》（静岡県賀茂郡松崎町）

小邨は西伊豆の漁師町でナマコ塀と長八美術館で有名な松崎町にある。住宅街を抜けた小高い丘の麓で静かに凛とした波動を放ち佇んでいる。店主の小林興一氏は「翁（現翁達磨）」の高橋邦弘氏の元で修業し、二〇年ほど前に伊豆松崎町で開業した。翁のそばを変えることなく忠実に守っており、全国各地の翁達磨グループの中で最も師匠の打つそばに似ていると思われる。「小邨」の特徴は、とにかく笊蕎麦にこだわっていることである。その証拠に、メニューは「もりそば」「田舎そば」「そばぜんざい」「そばがき」「焼味噌」「辛味おろしそば（夏季）」のみである。「もりそば」は、二八の細打ちで、やや白っぽく硬めで喉ごしが良い。口に含むとほのかに香りが立ち、上品な味に仕上げられている。「田舎そば」は、やはり二八だがこちらはやや太目に打たれている。甘皮まで碾き込んでいるのでその分色が濃い。モチッとして弾力があり、野趣豊かで風味が良い。加えて、この店のつゆは実に旨い。濃い目の辛汁だが、かえしの甘みをおさえすっきりとした味に仕上げている。出汁は鰹の本枯れ節からとっているそうで、味わい深く何と言っても香りが良い。そばとの相性が抜群で、そばの旨さを際立たせる役目を十分に果たし、挙句は、そば湯を注げばもう一品のご馳走に化けてしまうという、一人二役を演じ切るのであるから驚きである。「もりそば」「田舎そば」どちらも安定感があり、安心して手繰ることができる。一口目から最後の一本のそばまで食味の変わることがない。舌ざわり、歯応え、喉ごし、香り等々、全ての要素が変わることなく続くという意味であるが、この種のそばを普通に作るそば店は滅多にお目にかかれない。そば以外は余分だと言わんばかりの品揃えだが、その分そばにかける執念を感じるし、打たれたそばには風格がある。それでは「小郁」にはそば前がないのかと言うとそんなことはない。肴が「そばがき」「焼味噌」だけと言うだけで、酒は銘酒「菊姫」の山廃吟醸をはじめ地酒の「磯自慢」など五種類用意されている。全部飲めば相当な量になるので、いくつか選んで飲むことになる。閑静なつくりの店で、静かにそば前を楽しみ、ほろ酔い加減になった頃合いを見計らって自慢のそばで締める。そば食いとして、なるほど「そば以外余分なものはいらない」ことを実感する。

中国山地蕎麦工房ふなつ（島根県松江市外中原町）

奥出雲町大馬木《おおまき》で契約栽培と二ヘクタールの自家栽培で在来種を使い、昔からの「出雲そば」の姿を伝承している。収穫は集落に委託して、玄ソバを石臼で殻まで碾きこんだ蕎麦粉を使い十割そばに仕立てられている。特徴は色が黒く短く切れた太打ちで、見た目の色や姿から「どじょうそば」の愛称で呼びたい。代表的なメニューとしては「割子《わりご》そば」と「かまあげそば」がある。「割子そば」はそばを小分けにして朱色の三段に重ねた器に盛り、薬味のネギ、鰹節の糸削り、きざみ海苔をのせて直接少量のそばつゆをかけ軽くかき混ぜて食べる。一段目を食べ終わって器に残ったつゆはつぎの段の器にかけ、足りない分は新しいつゆをかけながら繰り返し食べ進む。腹を満たすまで無駄なく綺麗に食べてもらおうという考え方のようである。また、朱色の割子を使うのは出雲大社の参拝客に対して、御供えに因んだ霊験あらたかなイメージを表現しているように思える。また、「割子そば」は全国各地で見られるが、そもその発祥は松江にあるらしい。江戸後期、出雲松江藩では松平治郷が七代藩主であり、「不昧公」と呼ばれ茶人として後世にその名を残すほどの風流人であった。当時庶民の食べ物とされていたそばをこよなく愛し、蕎麦懐石膳や紅葉狩りにそばを破子に詰めて出掛け野外で食べたと言われている。松江では冷たいそばのことを「割子そば」と呼んでおり、不昧公の食べ方から変化して人気を博し現在に至っているという。一方「かまあげそば」も出雲地方が発祥の地で、釜で茹であげたそばを水で締めて滑りを洗うことをせず、そば猪口を使わず茹で汁と共に熱々を丼に移し薬味をのせ、上から直接つゆを回し入れまぜて食べる。とろみのあるそば湯にそばがからんで独特の旨味がある。盛りに比べ柔らかく、そばの香りが強く味わいも深い。特に地元の人達の間で冬の寒い時期に根付いた食べ方で人気がある。出雲地方ならではのそばであり、「そば食い」をはじめ出雲を訪れたすべての人達に是非とも味わっていただきたい一品である。どちらの粗挽きそばも短く切れていて、啜るというより食べるという表現のほうがピッタリくるタイプである。噛みしめるほどにそば本来の香りと滋味豊かな味わいが滲み出てきて、これこそ出雲そばと実感すること請け合いである。マスコミにも紹介され、店主の槻谷英人氏は「出雲そばりえの会」の顧問など奥出雲「出雲そば」の普及にも力を注いでいる。

おわりに

ここまで便々と書き連ねてきたが、本書はあくまでも私の個人的な見解を思いつくままに表現したものである。間違いや失礼な点も多々あると思われるが、「そばの打てないただのそば食い人」の勝手な独り言と一笑に付していただきたい。食べ歩いた店の中には他にもたくさんの素晴らしい「そば店」があり、今でも書き記したいという強い思いを持っている。今回の出版にあたり、許可をいただけず記載することができなかった店が何軒かあり、少々物足りない気持ちが残っている。素晴らしく美味しいそばを打ち続けているにもかかわらず、高齢となり後継者もなくこの先何年続けられるか自信がないため遠慮したいとか、私の文脈が意に沿わないものであったり、経営戦略上の理由などなどが理由である。それぞれのお考え故のお断りなので仕方なくあきらめることとした。中には、著者のことを知らないのでという店もあった。そば食いという者は、えてして口数は多くなく、余分な質問やプライベートなことには無頓着であまり触れようとはしない。ましてや自分の名刺を差し出したり、自らの生業について語る者はあまりいないように思える。そばを味わい、自分なりの評価をし、好みに合っていたかを確かめ、納得し満足「あ〜美味しかった」となる。そんなことを飽きもせず繰り返し続けることを喜びとしている者を「そば食い」と呼ぶのだと思っている。したがって、美味しいそばを食べるために、掲載をお断りされた店にはこれからも黙って行き続けるつもりでいる。

それよりも、そばは和食の中の安直な食事の一つでしかなく、店による違いはさほどないと思っている人達が多いと思われるが、本書をきっかけに、そばワールドに少しでも興味を持つ人が増えてくれたら幸いである。そばを打つ人の気持ちを想像しながらそばを手繰る。そばの味は千差万別であり、同じ職人が同じ原料を使って打ったそばでも、気温・湿度・挽き方・水の温度等の条件によって、まったく異なった出来栄えとなることも知ってほしいし、同時にその違いを楽しんでもらいたいと思う。食べる側にはそれぞれの趣味趣向があって、それぞれに美味しいものは美味しいし、好きなものは好きなのであるから、その範囲の中で、究極の「美味しいそばを美味しく食べる」が実現できればこれでもう最高なのである。そしてそんな勝手な気持ちでそばの食べ歩きを続けていると、ついには店を比較してどちらが美味しいかと考えるよりも、それぞれの店の特徴を認めた上でその出来栄えを評価するようになってくる。すると同じ店に何度も足を運ぶこととなり、いつの間にか二〇〇〇軒達成の目標を忘れてしまうのである。気に入った店を見つけると深みにはまり、次の店の計画がおざなりになる傾向がある。新しい店の発掘を心掛けないとくぐる暖簾の件数は増えていかない。それどころか、かつて行ったことのある好みの店を忘れられずに再訪を繰り返す。結果、増軒スピードは逓減的に落ちていくこととなる。時にしてジレンマに陥ることもあるが、そこは趣味の世界である。焦らず目標は遠く先の方に合わせ、登山の基本のごとくゆっくりでも一歩一歩着実に前進すれば、必ずゴールである頂上を踏破できると考えている。このように、私自身は今後も精進を忘れずそばと向き合っていくつもりだが、時代の流れとともにそばを打つ側が進化していく昨今であるゆえ、そばを食う側もまた五感を研ぎ澄まして精進の旅に出なくてはならないと思っている。終わりのない旅であろうが、どこまで続くか考えるだけでも胸が高鳴る。命の続く限りというのは少々大袈裟だが、まあ冒頭申し上げた通り、そば屋の暖簾二〇〇〇軒をくぐり終えて、自ら「そば食い名人」を名乗るところまでは今の行脚を繰り返すつもりでいる。その上でその先の高みが見えてくるようならば、それはそれであらためて人生最後の目標を立ててみよう。そばワールドの奥はどこまでも深い。

著者プロフィール

小林 一仁（こばやし かずひと）

1954年生れ
群馬県出身・在住
慶應義塾大学法学部法律学科卒、税理士
『会社分割活用法』共著　中央経済社　2004年初版

そばの打てないそば食い名人

2021年４月15日　初版第１刷発行
2021年８月10日　初版第２刷発行

著　者　小林 一仁
発行者　瓜谷 綱延
発行所　株式会社文芸社
〒160-0022　東京都新宿区新宿１－10－１
電話　03-5369-3060（代表）
03-5369-2299（販売）

印刷所　株式会社平河工業社

© KOBAYASHI Kazuhito 2021 Printed in Japan
乱丁本・落丁本はお手数ですが小社販売部宛にお送りください。
送料小社負担にてお取り替えいたします。
本書の一部、あるいは全部を無断で複写・複製・転載・放映、データ配信することは、法律で認められた場合を除き、著作権の侵害となります。

ISBN978-4-286-21635-5